कालापानी

(अंदमान-निकोबार द्वीप समूह की यात्राओं पर एकाग्र)

कालापानी

लीलाधर मंडलोई

राधाकृष्ण प्रकाशन

ISBN : 978-81-8361-077-3

काला पानी

पहला संस्करण : 2006
तीसरा संस्करण : 2021
दूसरी आवृत्ति : 2023

मूल्य : ₹595

प्रकाशक
राधाकृष्ण प्रकाशन प्राइवेट लिमिटेड
जी-17, जगतपुरी, दिल्ली-110 051

शाखाएँ : अशोक राजपथ, साइंस कॉलेज के सामने, पटना-800 006
पहली मंजिल, दरबारी बिल्डिंग, महात्मा गांधी मार्ग, प्रयागराज-211 001
वेबसाइट : www.radhakrishnaprakashan.com
ई-मेल : info@radhakrishnaprakashan.com

मुद्रक
बी.के. ऑफसेट
नवीन शाहदरा, दिल्ली-110 032

KALAPANI
by Leeladhar Mandaloi

जे.एस. राज के लिए
जिनके कारण मैंने
'कालापानी' को समझा।

अनुक्रम

खंड-1 : दुर्लभतम् जनजातियाँ

खंड-2 : कवि और जनजातियाँ

खंड-3 : कवि और लोककथाएँ

खंड-4 : कवि और समय

खंड-5 : कवि और समुद्र

खंड-1

दुर्लभतम् जनजातियाँ

ग्रेट अंदमानी

'पुलुगा' ने जन्माया यह धरती, पेड़ पौधे, जल और जीव
सर्वशक्तिमान है वह, कितनी नगण्य होती यह सृष्टि
अगर उसकी कृपा से न जन्मते
'तीमो' और 'चान-आ-ए-लबादी'
'पुलुगा' ने उन्हें सिखाया जीना
भोजन का स्वाद, शिकार और जंगली फल-फूल, बूटियों का उपयोग
उसकी अनुकम्पा से हमारी दुनिया है भरी-भरी
उसने जो आदेश दिए, पूरे करते रहे हम

केवल 27 हैं हम, अपनी ख़त्म होती सभ्यता से लिपटे-छूटते भोगते
असंख्य दुख और लगातार छीजते, हर मृत्यु ख़त्म करती है जीने की आस
'पुलुगा' कहाँ है, कहीं नहीं दीखता वह

हमारी आस्था में हर कहीं होने के बावजूद कहीं भी नहीं है अब 'पुलगा'
कहाँ है? 'पुलुगा' कहाँ है? 'पुलुगा' कहाँ है?

अंदमानियों का ईश्वर 'पुलुगा' है, जो अमर है—यह सन्दर्भ अंदमानी लोककथा से आता है। अंदमानी जनजाति के प्रथम पुरुष 'तोमो' को उसने जन्माया। 'तोमो' की सहचरी के रूप में उसने 'चान-आ-ए-लबादी' को अंदमान भूमि पर भेजा। फिर उसने अपने दो सेवकों—'लाची' और 'पुनगा-अ-लबादी' को 'तोमो' के पास नियुक्त किया। जिन्होंने 'तोमो' को आग जलाने की विधि, शिकार के तरीक़े, भोजन का महत्त्व और मांस भूनने की विधियाँ बताईं। इसी लोककथा में कहा गया है कि 'पुलुगा' अंदमानियों का रक्षक है। वह स्वप्न में सुरक्षा के निर्देश देता है और शैतान की चालों से आगाह करता है। 'पुलुगा' अग्नि के समान है। अगर वह प्रसन्न है तो मंगल होता है और क्रुद्ध हो तो विनाश हो जाता है।

'पुलुगा' आज अंदमानियों के भीतर उठ रहे सवालों के घेरे में खड़ा है। कहाँ है उनका ईश्वर? रक्षा का जो भार उसने लिया था, उस आश्वासन का क्या हुआ? नीग्रोव्ह

मूल की यह दुर्लभ जनजाति आज जीवन और मृत्यु के बीच त्रिशंकु की तरह झूल रही है। उनकी प्रार्थनाओं में एक विनय भरी चीख है कि मृत्यु के जबड़े में खिसकती उनकी दुनिया को कोई ख़त्म होने से बचा ले। इन सीधे-सादे और भोले आदिवासियों की कुल जनसंख्या लगभग 27 है। बूढ़े हैं जो मौत के आलिंगन में कभी भी समा सकते हैं। युवतियाँ हैं जिनके लिए शादी योग्य वर नहीं है। युवक हैं जिन्हें शादी योग्य होने पर लड़कियाँ नहीं मिलेंगी। कौन करेगा उनसे विवाह? कैसे बढ़ेगी उनकी दुर्लभ विरासत? कितने बरस और जीवित रह सकेगी 27 लोगों की यह आखिरी दुनिया? यह एक अथाह होता हुआ दुःख है, जिसे समोने के लिए समुद्र की गहराइयाँ कम पड़ रही हैं। और सिकुड़ता जा रहा है आकाश का अनन्त विस्तार।

ग्रेट अंदमानी समुदाय मूलतः वृहत्तर अंदमान में बसते थे। बाद में ये लोग छोटे-छोटे समुदायों में बँटकर अंदमान के अन्य द्वीपों में फैल गए। पूर्व में यह जनजाति भी शिकार और वनोपज पर निर्भर थी। नीग्रोव्ह मूल की जनजातियों में उनकी संख्या पिछली शताब्दी में करीब 5000 थी। पर बाद में ये तेज़ी से घटते गए। इनके प्रमुख समुदाय थे अका कोरा, अका-बोआ, अका-जेरू और अका-बी। इनके कुल समुदाय सात थे। जिनमें से अब सिर्फ़ दो बाक़ी हैं। एक समुदाय में पति-पत्नी और दूसरे में मात्र 26 लोग। इन्हें स्ट्रेट द्वीप में बसा दिया गया है। 1858 में क़ैदी बस्तियों के निर्माण के साथ इनकी मृत्यु की करुण गाथा शुरू होती है। अंग्रेजों और क़ैदियों से इनके सम्पर्क के बाद, कथित सभ्य समाज की कई ख़तरनाक बीमारियों और बुरी लतों ने इनमें प्रवेश किया। ये बीमारियाँ थीं सिफलिस, गनेरिया और टी.बी.। बावजूद आत्मीय सम्बन्धों के इन्होंने बाहरी व्यक्तियों को पूरी तरह स्वीकार नहीं किया। 14 मई, 1859 को उन्होंने विद्रोह किया। पोर्टब्लेयर के हृदय स्थल में हुई, इस भयंकर लड़ाई को अबुदीव या अबर्डीन युद्ध के नाम से याद किया जाता है। अपनी आज़ादी के लिए यह उनकी पहली और आखिरी ऐतिहासिक लड़ाई थी। कई अंदमानी इसी संघर्ष में खप गए। इसके बाद इनसे मित्रता की गई और प्रशासन ने 1863 में अंदमानी गृह की स्थापना की, वह आज भी मौजूद है। इन्हें काम करने का अवसर दिया गया और मुख्यधारा में लाने का प्रयास किया गया। वस्त्र पहनने, आधुनिकता में रुचि दिखाने और अपनी परम्पराओं से कटने का श्रीगणेश तभी से हुआ। इन्होंने टूटी-फूटी हिन्दी भी बोलनी सीख ली जिसके संवाद मजबूत हुआ। 1942 में जापानियों द्वारा बमबारी किए जाने पर बड़ी संख्या में अंदमानी मारे गए। बेकसूर अंदमानी समुदाय की बढ़ती हुई मृत्यु दर का एक प्रमुख कारण मुख्य धारा में शामिल होना है।

ग्रेट अंदमानियों की अपनी परम्पराएँ, लोकगीत, लोककथाएँ और प्रार्थनाएँ हैं। आधुनिक सभ्यता की चपेट में यह सब ख़त्म हो रहा है। फिल्मों का प्रभाव लगातार बढ़ रहा है। हालाँकि नए वाद्य यन्त्रों का चलन शुरू नहीं हुआ किन्तु नई पीढ़ी के साथ पारम्परिक लोकधुनों पर फिल्म संगीत का प्रभाव दिखाई देने लगा है। अंदमानी युवक-युवतियाँ पोर्टब्लेयर के सिनेमा गृहों में दिखाई देने लगे हैं। वे अमिताभ बच्चन

से लेकर गोविन्दा और हेमामालिनी से लेकर श्रीदेवी और ऐश्वर्या की फिल्म पीढ़ी को बखूबी जानते हैं। रेडियो मज़े से सुनते हैं और टी.वी. कार्यक्रमों को देखने में रुचि दिखाते हैं। बाहरी दुनिया के प्रभाव ने उनके जीवन पर गहरा असर डाला है। उनके भीतर आधुनिक सुख-सुविधा के प्रति ललक बढ़ रही है। चिन्ताजनक यह है कि वे अपनी जड़ों से लगातार कट रहे हैं।

इनके जीवन की सबसे बड़ी त्रासदी है, अपने समाज में नए जन्म की ख़बर का लगातार इन्तज़ार। कहीं दो-तीन साल के अन्तराल के बाद किसी एक नवजात शिशु की किलक से स्ट्रेटद्वीप गूँजता है। अंदमान की यह सबसे महत्त्वपूर्ण ख़बर मानी जाती है। अख़बार इसे प्रमुखता से छापते हैं और रेडियो के लिए यह ज़रूरी खबर होती है। 1901 में इनकी संख्या 624 थी। 1981 की गणना में 28 बची। 1971 से 1981 के बीच इनकी जनसंख्या में सिर्फ़ 4 का इज़ाफ़ा हुआ। यह आँकड़ा अपने आप में बेहद चौंकानेवाला है। मृत्यु दर में इस शताब्दी की शुरुआत से भी अद्भुत इज़ाफ़ा हुआ है। स्वास्थ्य में गिरावट के आँकड़े भी चिन्ताजनक हैं। आज स्त्रियों में सन्तानोत्पत्ति की क्षमता छीज चुकी है। पुरुषों के स्वास्थ्य पर प्रतिकूल असर हुआ है। एक लम्बे समय तक अफीम सेवन ने इनके स्वास्थ्य को बुरी तरह तोड़कर रख छोड़ा है। ये अब 27 ग्रेट अंदमानी जो आज हैं और कितने दिन जी सकते हैं या मृत्यु के ख़िलाफ़ संघर्ष में क़ामयाब हो सकते हैं? आज उनकी सुविधाओं के लिए आर्थिक सहायता है, नौकरियाँ हैं, बिजली है, कुएँ हैं, डॉक्टर हैं, शिक्षक हैं और खोज-ख़बर लेती सरकार भी। पर अब बहुत देर हो चुकी है।

अंदमानियों में ढंग से शिक्षित हुआ ऐसा कोई व्यक्ति नहीं जिसमें नेतृत्व की क्षमता हो। जो अपने समाज के भले-बुरे को सोच सके। एक पंगु, लँगड़ाती और कुंठित व्यवस्था के शिकार हैं—ये आदिवासी। अब सिर्फ़ एक ही अनुत्तरित प्रश्न है, क्या होगा इस दुर्लभ, दम तोड़ती सभ्यता का? मृत्यु के भयावह आतंक को लगातार झेलते कदाचित् वे अपनी बारी का इन्तज़ार कर रहे हैं। एक प्रतीक्षित, ठंडी और बिल्ली के पंजों में कभी भी समानेवाली छापामार मौत!

जारवा

आदिवासी कल्याण विभाग पोर्टब्लेयर की विज्ञप्ति के अनुसार अंदमान की जारवा जनजाति 1947 से 1988 तक कुल 93 हत्याएँ कर चुकी हैं। वे गोरिल्ला युद्धनीति अपनाते हैं। अमूमन रात्रि में जब अंदमानवासी गहरी नींद में होते हैं, वे चुपके से गाँव में प्रवेश करते हैं। सबसे पहले तीर से कुत्तों को मारते हैं। इसके बाद उनका आक्रमण आसान हो जाता है। भोजन सामग्री और लोहे की फिराक में वे गाँवों में दबिश देते हैं। इच्छित सामग्री उठाते समय अगर कोई जाग उठता है तो उसे तीर से घायल करते हैं, फिर दाव सरीखे हथियार से आक्रमण कर जीवनलीला समाप्त कर डालते हैं। कई बार जुनून में लोगों को भी मार देते हैं। दिन या रात में कोई भी अगर उनके रास्ते से गुजरता है तो उसका बचना असम्भव होता है। लकड़ी या शिकार के लिए अगर भूले-भटके भी कोई उनके क्षेत्र में प्रवेश करता है तो उनके अचूक बाण धराशायी कर देते हैं। कई बार वे ऐसे लोगों के हाथ-पाँव तक काट देते हैं। चाँदनी रात में उनके आक्रमण अधिक कारगर होते हैं। दक्षिण अंदमान के ग्रामवासी हर समय भयाक्रान्त रहते हैं। वे जारवा आदिवासियों को खूँखार मानते हैं।

अंदमान-निकोबार प्रशासन के लिए ये आदिवासी एक विकट चुनौती हैं। सम्पर्क समिति के माध्यम से उनसे दोस्ती के प्रयास कई बरसों से चल रहे हैं, पर सफलता आंशिक मिली।

जारवा हिंसक क्यों हुए? मुख्यधारा में शामिल होना उन्हें क्यों अस्वीकार है? इसका जवाब सिर्फ़ इतिहास के पास है। इतिहास के दबे पन्नों में उन ज़्यादतियों और अमानुषिक अत्याचारों का ब्यौरा सुरक्षित है, जिनके कारण जारवा हिंसक हुए और आज भी अपराधों में रत हैं। उनको अँधेरे से निकालने और उनकी मूल संस्कृति को बचाने के लिए इतिहास से सबक लेना अत्यन्त आवश्यक है। अगर ऐसा नहीं किया गया तो एक दुर्लभ जनजाति तो ख़त्म होगी ही, साथ ही न जाने कितनी हत्याओं का आरोप इन भोले-भाले और बेख़बर आदिवासियों के सर पर होगा।

अंदमान द्वीप समूह में नीग्रोव्ह मूल की चार दुर्लभ जनजातियाँ हैं। जारवा इनमें से एक है। इनकी जीवन शैली पाषाण युग के मनुष्य की तरह है। 1858 और उसके कुछ समय बाद तक ये आदिवासी दक्षिणी अंदमान के घने जंगलों में थे। इसी क्षेत्र में दूसरी जनजाति रहती थी ग्रेट अंदमानी। दोनों में आपसी सम्पर्क था। इसके प्रमाण

मिलते हैं। 1857 के विद्रोह के बाद अंग्रेज सरकार ने अंदमान-निकोबार में क़ैदियों की बस्तियाँ बनाने के लिए सर्वे किया। यह कार्य अंग्रेज अफसर ब्लेयर के नेतृत्व में सम्पन्न हुआ। उसने अपनी रिपोर्ट में दक्षिणी अंदमान में क़ैदी बस्तियाँ बनाने की सिफारिश की। 1858 में महाराजा जहाज से क़ैदियों का पहला दल अंदमान पहुँचा। दक्षिणी अंदमान उस तक इन्हीं दो आदिवासियों की धरती थी। इसी धरती के लिए जो पहला संघर्ष 1848 में हुआ, वही पहला बीज था, जिसने जारवा आदिवासियों को विद्रोही बनाया। यह उनके अस्तित्व की लड़ाई थी, उनके पूर्वजों से प्राप्त ज़मीन और जंगल के लिए संघर्ष था, जहाँ से उन्हें रोज़मर्रा के जीवनयापन के लिए शिकार, जंगली कन्दमूल, सूअर, शहद और मछलियाँ मिलती थीं।

अंग्रेजों को सुरक्षित जगह चाहिए थी जहाँ उनके मंसूबे पूरे हो पाते। उनके लिए दक्षिणी अंदमान से बेहतर और सुरक्षित कोई दूसरा क्षेत्र हो ही नहीं सकता था। इसलिए उन्होंने सदियों से रहते आए इन आदिवासियों को खदेड़ना शुरू किया। पुलिस का विशेष दल गठित हुआ। उसने भीतरी जंगलों में भोले-भाले जारवा आदिवासियों को सिर्फ़ खदेड़ा ही नहीं बल्कि मौक़ा मिलने पर उनकी गर्दनें काटकर पेड़ों पर लटकाना शुरू कर दिया। यह पराकाष्ठा थी अंग्रेज दमन की। तब इन आदिवासियों ने विवशता में पीछे हटना तो मंजूर कर लिया, पर भविष्य की चिन्ता में युद्ध को जीवन के अभिन्न अंग के रूप में स्वीकार कर लिया। वे छिपकर धोखे से वार करने लगे। यह उनके लिए सुरक्षित आक्रमण नीति थी और इस तरह वे ग्रामवासियों से अपने को बचाकर उपभोग की जानेवाली वस्तुओं को ले जाने में क़ामयाब हो जाते थे।

दक्षिणी अंदमान से खदेड़ दिए जाने के बाद अब इनका क्षेत्र है दक्षिण अंदमान और मध्य अंदमान के बीच के द्वीप। दक्षिण अंदमान में इनका इलाक़ा है पश्चिम किनारा और मध्य अंदमान में मध्य भाग। मूलतः ये भोजन की उपलब्धता के हिसाब से समुद्र के किनारे-किनारे घूमकर जीवनयापन करते हैं। अंदमान-निकोबार के द्वीपों के सर्वेक्षण के दौरान अंग्रेज अफसरों ने पहले-पहल इन्हें 1790 में देखा। दक्षिण अंदमान से निर्वासन के बाद 1863 से 1915 के बीच हुए छिटपुट सम्पर्क के समय इनके जीवन के सम्बन्ध में मामूली जानकारियाँ मिलीं। 1991 में 'पाप-लुंगटा-जिग' नामक जगह की एक पहाड़ी पर इनकी एक झोपड़ी देखने में आई जिसका आकार 45'×30'×15' फुट था। यह मचान शैली की थी। इनसे प्रथम आत्मीय सम्पर्क 1974 में हुआ, जब उन्होंने समुद्री किनारे पर रखे गए उपहार स्वीकार किए। किन्तु उन्होंने किसी को अपने इलाक़े में उतरने की अनुमति नहीं दी। और आज लगभग 31 वर्ष हो गए, वे अभी तक सिर्फ़ उपहार स्वीकार करते हैं जिसमें फल, बर्तन और चावल आदि दिया जाता है। वे अब भी भोजन पकाने के नाम पर मछली, केंकड़े, सूअर, कछुआ जैसे जीवों को आग में भूनकर खाते हैं। नमक, तेल-मिर्च-मसाला का इस्तेमाल उन्हें नहीं आता। शराब, बीड़ी, सिगरेट और तम्बाकू के सेवन से भी दूर हैं। एकाधिकार और सुरक्षा की भावना से वे

किसी को भी अपने द्वीप में ठहरने की अनुमति नहीं देते। आज़ादी के बाद आए लोगों में, जो अंदमान में बसे, उसमें सिर्फ़ एक व्यक्ति था बख़्तावर सिंह, जिन्हें जारवा आदिवासियों ने मित्र रूप में स्वीकार किया। सम्पर्क समिति में बख़्तावर सिंह की उपस्थिति अनिवार्य थी। उनके साथ जाने पर ही आप जारवा आदिवासियों को नजदीक से देखने का अवसर पा सकते थे।

जारवा आदिवासियों की औसत ऊँचाई 5 फुट है। रंग नीग्रोव्ह जनजाति की तरह गहरा काला है। बाल घुँघराले और शरीर एकदम स्वस्थ है। जारवा बेहद चुस्त और गजब के फुर्तीले हैं। उनकी अनुमानित संख्या 225 से 250 के बीच है जिसमें लगभग 40 बच्चे हैं। वे समूह में रहते हैं। कपड़े नहीं पहनते और पूरी तरह शिकार और वनोपज पर आश्रित हैं। सूअर, कछुआ, मछली और गोह का शिकार उन्हें प्रिय है। वनोपज में पांडुनस, जंगली केला और शहद इकट्ठा करते हैं। इसके अलावा शंख-सीपियों में पाया जानेवाला मांस भी वे रुचि से खाते हैं। उनके पारम्परिक अस्त्रों में तीर और बल्लम प्रमुख हैं। समुद्र के पास रहने के बावजूद वे नाव बनाना नहीं जानते जो कि आश्चर्यजनक बात है। शिकार के लिए कई दिनों तक जंगलों में निकल जाते हैं। जगह-जगह अस्थायी ठिकाने बनाते हैं और पर्याप्त भोज सामग्री मिलते ही पक्के ठिकानों पर लौट आते हैं। चूँकि अलग-अलग समूह का शिकार स्थान पूर्व-निर्धारित होता है, इसलिए इनमें झगड़े नहीं होते। जारवा आदिवासियों में अद्भुत एकता है। समय आने पर सभी एक साथ उठ खड़े होते हैं और मुसीबतों का मुक़ाबला करते हैं। उनकी एकता की बात से उन्हें तोड़ पाना मुश्किल है। सम्पर्क समितियों के माध्यम से उन्हें मुख्यधारा में शामिल करना आज भी एक समस्या है। ऐसे प्रयासों को वे अपनी भूमि पर अनधिकार चेष्टा के रूप में लेते हैं।

इस जनजाति में महिलाओं का प्रभुत्व है। समाज मातृसत्तात्मक है। पुरुष सिर्फ़ एक पत्नी रख सकता है। सभ्य लोगों की तरह सेक्स का आकर्षण इनमें उतना नहीं है। सम्भवतः इसका कारण दैनन्दिन जीवन व्यवहार में खुलापन है। महिलाएँ बराबरी से शिकार पर जाती हैं। अगर गर्भवती हों या छोटे बच्चे हों तो घर पर रहकर पुरुषों की जिम्मेदारियाँ निभाती हैं। ऐसे समय में शहद के लिए टोकनी, थैली, तीर आदि बनाने का काम करती हैं। ये समुद्री किनारों से प्राप्त स्टील के मग या बर्तनों से भी तीर बना लेते हैं। हस्तशिल्प के नाम पर उनकी रुचि और जानकारी बहुत सीमित है। संगीत में उन्हें सुख मिलता है। समूह बनाकर पैरों की थाप पर नृत्य करते हैं। उनके गायन का मुख्य आधार या शास्त्र लय है। पर किसी तरह के वाद्ययन्त्र के प्रयोग को वे नहीं जानते।

जारवा आदिवासी आग का इस्तेमाल सतर्कता से करते हैं। उनमें आग को लगातार सहेजने की प्रवृत्ति देखी गई है। गड्ढे खोदकर उसमें लकड़ियों को रखते हैं, फिर वो ख़ास क़िस्म की रगड़ से आग पैदा करते हैं। आग जलाने के लिए पत्थरों का भी इस्तेमाल करते हैं। पानी लकड़ी के पात्र में रखते हैं और सीपियों से पानी पीते हैं। बाल

काटने के लिए भी धारवाली सीपियों या समुद्र के किनारे से बटोरे गए काँच के टुकड़ों को काम में लाते हैं।

जारवा जड़ी-बूटियों की महत्ता खूब समझते हैं। रोग घेरने पर मिट्टी का लेप भी करते हैं। औसत रूप से स्वस्थ हैं। सहस्र वर्ष की आयु में भी किसी बड़ी बीमारी से मृत्यु की ख़बर नहीं मिली है। नहाने में उनकी विशेष रुचि है और दाँत अद्भुत रूप से सुन्दर हैं। शरीर पर लेशमात्र भी मुटापा दिखाई नहीं देता। प्रसव के बाद सामान्य तौर पर महिलाओं में बढ़नेवाला थुलथुलापन या झुर्रियाँ जारवा स्त्रियों में नहीं दिखाई देते। अनुमान है इस बारे में उन्हें खास जड़ी-बूटियों का ज्ञान है। इसका एक कारण उनका परिश्रमी होना भी हो सकता है। उनमें बच्चों के जन्म पर विशेष खुशी मनाई जाती है। मृतक के शरीर से हड्डी का कोई टुकड़ा निकालकर, ताबीज की तरह बाँध लेते हैं। उनका विश्वास है कि इस तरह उनके पूर्वज उनके साथ रहते हैं।

जारवा आदिवासियों को बर्बर कहा जाता है। उनसे सभी घबराए हुए हैं। उनसे सम्बन्ध स्थापित करने में भय महसूस होता है, पर उन्हें ज़रूरत है प्रेम और सहानुभूति की। उनकी एकाधिकार की भावना का सम्मान किया जाना ज़रूरी है। अगर उनमें उनकी धरती और उनकी सुरक्षा के लिए विश्वास उत्पन्न कर दिया जाए तो मुमकिन है वे मुख्यधारा में शामिल हो जाएँ। अभी तक तो वे सिर्फ़ प्रदर्शन की वस्तु हैं या फिर नफ़रत के पात्र।

इस दृश्य में सिर्फ़ अँधेरा है
और हिकारत से भेदती निगाहें
डरते रहे लोग मृत्यु के भय से यदि
और सुस्त हो गई सरकार

निश्चित है मृत्यु उनकी देर-सबेर
हैं कुछ बख्तावर सिंह जो
उतरकर उनके अँधेरों में

सहेज सके उन अबोध शिशुओं को
जो प्रतीक्षा में हैं अपने सूर्य की
सूर्य जो दिखा सके यह हँसती चहचहाती दुनिया
और मुक्त कर दे एकबारगी सदियों के सघन अँधेरे से।

ओंगी

बिल्कुल वैसा ही है सब, अब भी वहाँ
सूर्य उगता है करोड़ों वर्ष पहले की तरह
और करता है समुद्र अब भी अठखेलियाँ

डोलियाँ बनती हैं ठीक उसी माफिक
बुने जाते हैं जाल भी
उतारा जाता है मक्खीपानी, चाँद के पूरा होने पर
और कछुओं का शिकार करते हैं रातों में

शृंगार के लिए कहें या अपनी रक्षा के लिए
मच्छर-कीटाणुओं से वे
शरीर पर करते हैं लेप सफेद-लाल मिट्टी से
अब भी हैं वही नारियल पेड़
और झींगा-मच्छी का शिकार वैसा ही

कुछ भी तो नहीं बदला वहाँ
वही सुबह, दोपहर, शाम और भयावह रातें
कितना कुछ बदल गया दुनिया में सब तरफ
बिल्कुल वैसा ही है सब, अब भी वहाँ

सचमुच कुछ भी नहीं बदला लिटिल अंदमान में, जहाँ बसती हैं विश्व की दस आदिम प्रतिनिधि जनजातियों में से एक—'ओंगी'। कुल 96 लोगों की है यह छोटी सी ख़त्म होती दुनिया। बाहरी लोगों के लिए सिर्फ़ प्रदर्शन की वस्तु बनकर रह गए हैं ये आदिम मनु पुत्र। लगातार घटती उनकी जनसंख्या के लिए कौन जिम्मेदार है—प्रशासन या प्राकृतिक विपदाएँ। कितनी ज़रूरी हो गई है यह पड़ताल अब। समय रहते अगर सही क़दम न उठाया गया तो आनेवाले सालों में उँगलियों पर कितनी जल्दी ख़त्म हो जाएगी गिनती। यह हमारी नैतिक ज़िम्मेदारी है कि उन्हें प्रदर्शन की वस्तु न बनाकर, उनकी

बढ़ती हुई मृत्युदर की पड़ताल करें, उन्हें मृत्यु के विकराल जबड़ों से लौटा लाएँ।

ओंगी इस राष्ट्र की धरोहर हैं। कब और कैसे, वे अंदमान द्वीपों में आए, यह विस्मय का विषय है। ओंगी काली प्रजाति नेग्रिटोव्ह मूल के हैं। इन द्वीपों में सदियों पूर्व से उनका होना पाया गया है। वे 'हन्टिग और गैदरिंग' ट्राइब्स हैं अर्थात् शिकार और भ्रमण कर जीवनयापन करनेवाली जनजाति। अपने दैनन्दिन जीवन के लिए उन्हें रोज़ संघर्ष करना पड़ता है। सघन वनों में सूअर का शिकार और समुद्र के विशाल सीने पर कछुए और मछली मारना, उनका नित्य कर्म है। इसी वजह से उनका शरीर स्वस्थ और गठा हुआ है। न केवल पुरुष अपितु महिलाएँ भी रोज़ मेहनत का काम करती हैं। उनके इस जीवन क्रम में अब परिवर्तन हो रहा है। लिटिल अंदमान के डुआंगक्रीक में सरकार ने उन्हें स्थायी रूप से बसा दिया है। उन्हें राशन और अन्य सुविधाएँ दी जा रही हैं। चावल के अलावा, नमक, कुछ मसाले और चूना-तम्बाखू दिया जाता है। चाय के शौकीन हैं अतः शक्कर व चायपत्ती भी। चूँकि वे तम्बाखू का सेवन करते हैं अतः प्रति सप्ताह 250 ग्राम तम्बाखू भी दी जाती है। आश्चर्यजनक यह कि बच्चे भी इतनी ही तम्बाखू फाँक जाते हैं। सरकारी सप्लाई से उनका शिकार पर जाना कम होता जा रहा है। शरीर की चुस्ती-फुर्ती पर विपरीत असर हो रहा है। तम्बाखू सेवन से बच्चों का स्वास्थ्य गिर रहा है। ओंगियों में मृत्युदर बढ़ रही है। पहले वे घूम-घूमकर जीवनयापन करते थे, अब एक ही जगह रहने की वजह से, उनका संसार सिकुड़ता जा रहा है। यह चिन्ताजनक है। कहीं उनकी देखभाल की यह नीति, उनके ही विनाश का कारण तो नहीं बन रही? मानव-वैज्ञानिकों और सरकार के लिए यह समय है कि वे अपनी नीतियों पर पुनर्विचार करें।

लिटिल अंदमान में, इसके पूर्व ओंगी हटवे और आसपास के वनों में विचरण करते थे। उनकी कुटीर समुद्र के किनारे हुआ करती थी, जो दैनन्दिन आवश्यकताओं की पूर्ति और कमी के हिसाब से बदलती रहती थी। वे लगातार अपना स्थान बदलते आए हैं। दीर्घकाल से उनकी प्रवृत्तियाँ एक सी रही हैं—घूमना, शिकार करना, कन्दमूल खाना और खाद्य वस्तुओं की कमी होने पर आगे बढ़ते जाना। किन्तु अब उनका जीवन स्थिर हो गया है और यही स्थिरता सम्भवतः उनके लिए घातक हो रही है। ओंगियों के बारे में आगे जानने के पूर्व हम उनकी शारीरिक संरचना के बारे में जान लें। नेग्रिटोव्ह मूल के ओंगियों का क़द छोटा है, छोटे-छोटे हाथ हैं और सर पर घुँघराले बाल। उनके रक्त में ए-पॉजिटिव्ह रक्त समूह की प्रमुखता है। वहाँ पड़नेवाली भीषण गर्मी की वजह से वे वस्त्र धारण नहीं करते। स्त्रियाँ गुप्तांग ढकने के लिए सुपाड़ी के पत्तों का गुच्छा बनाकर, सामने की तरफ लटकाए रखती हैं। ओंगी भाषा में इसे 'नाबुइयांगे' कहा जाता है। पुरुष सिर्फ़ लँगोटी धारण करते हैं। वे स्वस्थ, फुर्तीले और साहसी हैं। मछली का शिकार तीर से करते हैं। उनकी निशानेबाजी अचूक है। कछुओं का शिकार वे रात को समुद्र में करते हैं। शिकार में उनकी शारीरिक संरचना अत्यन्त सहायक है।

यह आज भी आश्चर्य और दिलचस्पी का विषय है कि ओंगी इन द्वीपों में कैसे

पहुँचे। चारों तरफ से घिरे हहराते समुद्र के बीच, वे कब और किस तरह पहुँचे? मानव वैज्ञानिकों में अभी भी इस विषय में मतभेद हैं। इन वैज्ञानिकों की इस बारे में तीन धारणाएँ हैं। पहली यह कि ये अफ्रीका से यहाँ आपसी संघर्ष, किसी दैवीय विपदा या भुखमरी की वजह से भूमध्यसागर, तिब्बत, वर्मा, फिलीपींस, सुमात्रा, जावा के रास्ते पहुँचे। इस धारणा के पीछे उनका मत है कि फिलीपींस में नेग्रिटोव्ह प्रजाति की दो ऐसी जनजातियाँ हैं—'एटा' और 'सिमोंग', जिनसे ओंगियो की भाषा बहुत मिलती-जुलती है। दूसरी धारणा है कि इन्हें अफ्रीका से किसी जहाज में कोई ग़ुलाम बनाकर ले जा रहा होगा और किसी दुर्घटना के कारण ओंगी वहाँ पहुँच गए। यह परिकल्पना लगती है क्योंकि एक तो व्यापारिक जहाजों के आने-जाने का यह मार्ग नहीं था और इस प्रजाति में दासप्रथा अपेक्षाकृत नई है। उत्खनन के दौरान इन द्वीपों में ओंगियों के जो औज़ार और रोज़मर्रा के उपयोग में आनेवाली वस्तुएँ प्राप्त हुई हैं, उनसे पता चलता है कि ये बहुत पहले से यहाँ रहते आए हैं। तीसरी धारणा ज़्यादा युक्तिसंगत लगती है। मानव वैज्ञानिकों का कहना है कि मुमकिन है कि हज़ारों वर्ष पूर्व भारतीय प्रायद्वीप अफ्रीका से जुड़ा रहा हो और 'कॉन्टीनेंटल ड्रीफ्ट' जैसे प्रमुख भौगोलिक परिवर्तन के कारण यह भू-भाग अफ्रीका से कटकर अभी जैसी स्थिति में आ गया हो। सहमति-असहमति अभी भी चल रही है। मानव वैज्ञानिकों में सिर्फ़ एक बात की सहमति है कि ये नेग्रिटोव्ह मूल के आदिवासी हैं। समय रहते सरकार और मानव वैज्ञानिकों को चेत जाना चाहिए अन्यथा आनेवाले मात्र कुछ बरसों में ही इस जनजाति का अस्तित्व समाप्त हो जाएगा और इतिहास हमें कभी माफ़ न करेगा।

समूचे विश्व में आदिवासियों को हेय दृष्टि से देखने की प्रकृति है। तथाकथित सभ्य लोग उन्हें असभ्य और अवैज्ञानिक मानते हैं। इनके कारणों में उनकी विचित्र परम्पराएँ और आचार-व्यवहार हैं, किन्तु ओंगियों से मिलने पर ये धारणाएँ टूटती हैं। आरम्भ से ही जनसम्पर्क से कटे होने पर भी, उनका विज्ञान सम्बन्धी ज्ञान अद्भुत है। हमारी तरह वह भले ही विकसित न हो लेकिन जितना वे जानते हैं उतना भी हमें चौंकाने के लिए काफी है। मौसम, स्वास्थ्य, औषधि और प्राकृतिक चिकित्सा के क्षेत्र में वे बहुत कुछ जानते हैं। समुद्र का रंग और हवाओं के स्वभाव से, वे सहजता से मौसम की भविष्यवाणियाँ कर देते हैं, जो सत्य होती हैं। उनकी कुटीर समुद्री किनारों (रेत) पर होती है। आर्द्र जलवायु की वजह से वहाँ भीषण गर्मी होती है और मच्छरों तथा सेंडफ्लाइज का प्रकोप। ओंगी लगभग निर्वस्त्र रहते हैं। उनका रंग गहरा काला है अतः सूर्य की किरणों को शरीर तेज़ी से ग्रहण करता है। भीषण गर्मी, मच्छर व सेंडफ्लाइज से बचने के लिए वे शरीर पर विशेष क़िस्म की सफेद मिट्टी का लेप करते हैं। इससे प्रकाश परावर्तित होता है। यही मिट्टी शरीर को न सिर्फ़ शीतल रखती है बल्कि मच्छरों-सेंडफ्लाइज से रक्षा करती है। शरीर दर्द या ज्वर होने पर ये शरीर पर विशेष प्रकार की लाल मिट्टी का लेप करते हैं जिससे त्वरित गति से स्वास्थ्य लाभ होता है। समुद्री हवाओं के बदलते प्रभावों से भी यह मिट्टी उनका बचाव करती है। प्राकृतिक-चिकित्सा में भी हमें मिट्टी

के लेप की कई विधियाँ बताई गई हैं। ओंगियों को जड़ी-बूटी का भी अच्छा ज्ञान है। गर्भवती महिला को ये लोग विशेष तरह की लाल जड़ का काढ़ा पिलाते हैं। इस जड़ को उबालने से पानी लाल सुर्ख हो उठता है। परीक्षण से पता चला कि इस काढ़े में आयरन की प्रचुर मात्रा होती है। एलोपैथी में गर्भवती महिला को आयरन देने की सिफारिश डॉक्टर करते हैं। इसके अलावा ये अन्य बीमारियों में भी जड़ी-बूटियों का इस्तेमाल करते हैं। इस तरह ये औषधि विज्ञान को भली-भाँति जानते हैं। विषैले जन्तुओं के काटने पर भी ये आयुर्वेदिक उपचार करते हैं।

दैनन्दिन जीवन-व्यवहार में भी ओंगी वैज्ञानिक चेतना से सम्पन्न हैं। शहद उतारने, डोंगी बनाने, शिकार करने और उसे पकाने की प्रक्रिया तक में हम इस चेतना को पा सकते हैं। प्रत्यक्षतः वे स्वयं भले ही इसका अहसास न कर पाते हों किन्तु अप्रत्यक्ष तौर पर वे विज्ञान का उपयोग करते हैं। और उसके फायदे भी जानते हैं। शिकार के लिए वे ड्रिड नामक पेड़ से अपने लिए डोंगी बनाते हैं। समुद्र में सामान्य डोंगियों के डूबने की अधिक सम्भावना रहती है क्योंकि लहरों में कभी भी उद्वेग उत्पन्न हो सकता है। वैसे भी अधिक वर्षा के कारण अंदमान समुद्र अशान्त रहता है। डोंगी समुद्र में डूबे न इसके लिए वे डोंगी के समानान्तर पतली लेकिन मजबूत लकड़ियों से एक ढाँचा बनाकर जोड़ देते हैं। दूर से देखने पर यह भले ही अटपटा लगे परन्तु जब डोंगी समुद्र में तैरती है तब यही ढाँचा उसे डूबने से बचाता है। इस 'बैलेन्सिंग आरगन' को ओंगी 'बेरोगे' कहते हैं। कछुए का शिकार वे बड़ी कुशलता से करते हैं जिसमें उनकी वैज्ञानिक समझ साफ़ तौर पर पहचानी जा सकती है। समुद्र से ज्वार होने पर तीन-चार की टोली में इसी डोंगी पर सवार हो, ओंगी रात के समय शिकार पर निकलते हैं। शिकार के लिए वे लगभग 2 इंच के छोटे से नुकीले तीर की तरह के अस्त्र का इस्तेमाल करते हैं। एक बड़े से बम्बू में तीर को फँसाते हैं जिसमें लम्बी डोरी बँधी होती है। कछुआ जब पानी में ऊपर दिखाई देता है तो बम्बू में लगे इसी तीरनुमा अस्त्र से वे अचूक प्रहार करते हैं। यह अस्त्र कछुए की पीठ में धँस जाता है। कछुए का स्वभाव है कि उसके शरीर में अगर कुछ चुभता है तो वह कसकर उसे पकड़ लेता है। इस तरह ओंगियों के इस अस्त्र को ताकत से अपने शरीर में पकड़ने के बाद कछुआ समुद्र में भागता है ताकि उससे मुक्त हो सके। ओंगी तभी वह लम्बी डोरी समुद्र में ढील देते हैं और कछुए के थककर बेदम होने का इन्तज़ार करते हैं। जैसे ही कछुआ थककर चूर होता है वे उसे डोंगी में खींच लेते हैं। पेड़ से वे शहद उतारने में भी प्राकृतिक नियमों का पूरा ख्याल रखते हैं। जब चाँद पूरा होता है या तेज़ धूप होती है तभी शहद उतारते हैं क्योंकि वे जानते हैं कि तभी अधिकतम शहद होता है छत्ते में। यह भी एक वैज्ञानिक सत्य है कि पूर्णिमा के समय या धूप होने पर ही छत्ते में ज़्यादा शहद इकट्ठा होता है। शहद तोड़ने के पहले ओंगी एक खास तरह की पत्ती को चबाकर शरीर पर लगा लेते हैं। इससे मधुमक्खियाँ उन्हें काट नहीं पातीं। भोजन पकाने के लिए भी वे सदियों से तन्दूर विधि का इस्तेमाल करते हैं। जिसे आज स्वास्थ्य के लिए बेहतर मानते हैं हम सभ्य लोग।

ओंगी मांस पकाने के लिए पहले लकड़ी जलाते हैं। उस पर साफ़ पत्थर बिछाते हैं, उसके बाद पत्ते बिछाते हैं फिर ऊपर मांस के टुकड़े रखते हैं और पुनः पत्ते से ढक देते हैं। शिकार पकाने का यह तरीक़ा आधुनिक लो टेम्प्रेचर तन्दूर की तरह है। इस विधि से मांस रोस्ट हो जाता है। ओंगी पहले नमक, हल्दी, मसाले का उपयोग नहीं करते थे किन्तु अब शासन की तरफ से उन्हें ये चीज़ें दी जाने लगी हैं साथ में बर्तन भी। पकाने के उनके पारम्परिक तरीक़ों में अब परिवर्तन होने लगा है। मसालों की आदतों से वे अब शायद पहले जैसे स्वस्थ न रह पाएँ। शासन ने डुआंगक्रीक में अब सार्वजनिक शौचालय बनवा दिए हैं किन्तु ओंगी उनका इस्तेमाल नहीं करते। पूछने पर उन्होंने बताया कि शौचालय साफ़ नहीं रखे जा सकते। वहाँ से दुर्गन्ध फैलती है, फिर एक ही शौचालय में सभी का शौच के लिए जाना स्वास्थ्यवर्धक नहीं हैं। वे मल त्याग की अपनी विधि को अधिक वैज्ञानिक मानते हैं। ओंगी प्रातः समुद्र के किनारे रेत में गड्ढ़ा खोदकर उसमें मल त्याग करते हैं फिर उसे रेत से ढक देते हैं। इस विधि से पर्यावरण अधिक साफ़ रहता है और दुर्गन्ध के न्यूनाधिक मौकों से बचा जा सकता है। इस तरह अगर सूक्ष्मता से अध्ययन किया जाए तो पता चलता है कि ओंगियों की सामान्य सी आदतें भी अधिक विज्ञान सम्मत हैं। वे नहाने और कपड़े धोने के मामले में बेहद सचेत हैं। ये दोनों काम वे नियमित रूप से करते हैं। इधर जब से सरकार ने इनकी देखभाल का जिम्मा लिया है तब से कई गड़बड़ियाँ हुई हैं। न केवल इनकी खाने-पीने की आदतें बदल रही हैं बल्कि अनावश्यक चीज़ों के प्रति भी इनका लगाव बढ़ रहा है। मसाले, नमक और तम्बाखू का सेवन बढ़ रहा है जो इनके लिए हानिकारक है। इन्हें दिए जानेवाले राशन की क्वालिटी घटिया है और उनके शरीर के लिए उपयुक्त प्रोटीन-विटामिन भी कम मिल पा रहे हैं। ओंगियों को अब ऐलोपैथिक दवाइयाँ दी जा रही हैं। आश्चर्यजनक यह कि इन अंग्रेजी दवाइयों का उनके शरीर पर कोई परीक्षण नहीं किया गया है। यह ध्यान देने लायक बात है कि हम जो अंग्रेजी दवाइयों का इस्तेमाल करते हैं वे हमारे शरीर की प्रतिरोधक शक्तियों को ध्यान में रखकर तैयार की गई हैं जबकि ओंगियों की प्रतिरोधक शक्तियाँ एकदम भिन्न हैं। प्रश्न उठता है कि अंग्रेजी दवाइयों का इस्तेमाल कही ओंगियों के लिए घातक तो सिद्ध नहीं हो रहा क्योंकि इसके पूर्व वे आयुर्वेदिक और प्राकृतिक चिकित्सा करते आए हैं। इस बात की पड़ताल अब ज़रूरी हो गई है कि ओंगियों में किन कारणों से मृत्यु दर बढ़ रही है। बच्चों में प्रतिरोधक शक्ति छीज रही है। उनका लीव्हर अपेक्षाकृत कमज़ोर है और डायरिया से बच्चे की मृत्यु की ख़बर भी है। पेट में कीड़ों का पाया जाना अब आम बात है। ओंगियों से बात करने पर पता चला है कि अभी तक वहाँ सबसे अच्छा कार्य डॉ. अरुण कुमार पांडे, मानव वैज्ञानिक ने किया है। वे वहाँ सात वर्ष तक थे और उनकी भाषा सीख गए थे जो एक दुष्कर कार्य है। वास्तव में डॉ. अशोक पांडे को छोड़कर किसी और को ओंगी इस तरह पसन्द नहीं करते। उनका वहाँ परिवार के वरिष्ठ सदस्य की तरह सम्मान होता है।

ओंगियों की अपनी कुछ अहम परम्पराएँ हैं। संगीत में उनकी रुचि है। उनका अपना कोई वाद्य यन्त्र नहीं है फिर भी अद्‌भुत लय के साथ वे गाते हैं। उनके गीतों में हैं—डोंगी बनाने का गीत, डोंगी पर शिकार का गीत, जाल बुनने का गीत, कछुआ मारने का गीत और जन्म से मृत्यु तक के कुछ संस्कारों के गीत। ओंगियों का सबसे बड़ा संस्कार होता है—'तानागिरू'। यह एडल्टहुड यानी ओंगी के जवान होने का संस्कार है। इसमें जवान होने के उपरान्त ओंगी युवक अकेले 20 दिनों तक शिकार के लिए जंगल में जाता है। उसे बीस दिनों तक नुकीले दाँतोंवाला ख़तरनाक सूअर मारकर लाना होता है। वह मुँह अँधेरे बिना किसी के मिले घने जंगलों में निकलता है और साँझ गए कन्धे पर सूअर उठाए लौटता है। उसके बाद उसके सीने पर आरूढ़ हो उसे बीचोंबीच से काटता है। सूअर के सीने से निकलते रक्त को इकट्ठा कर उसे सिर झुकाए 20 दिनों तक पीता है। यह कार्य वह समूचे गाँव की उपस्थिति में करता है। इस संस्कार के महत्त्व के बारे में पूछने पर पता चला कि वे रक्त पीने को इसलिए बाध्य करते हैं ताकि वह जीवन में कभी अपने शिकार से घृणा न करे। गौर से देखें तो इसके मूल में है उनका शिकार पर आधारित जीवनयापन।

ओंगी अब नई सभ्यता के बारे में भी जान रहे हैं, रेडियो वे मज़े से सुनते हैं, स्टीमर जहाज और हैलिकॉप्टर का अर्थ समझते हैं। अपनी भाषा में उनके नाम गढ़ लिए हैं। हैलिकॉप्टर को वे 'लंकाडंका' कहते हैं क्योंकि वह बहुत आवाज़ करता है। रेडियो को बाजागेगि कहते हैं क्योंकि वह बजता है। शाम, रात व अँधेरे को 'टोंकी' कहते हैं। किसी भी तरह के प्रकाश को 'बोने' कहते हैं। उनके नाम भी काफी दिलचस्प हैं जैसे टोटानाशे, चोईबोई, कुआकू, बुलामेशि, किम्बोई आदि। नामकरण ये अपने आसपास की किसी भी वस्तु को देखकर या मन को अच्छा लगने पर कर देते हैं। ओंगी भाषा में अद्‌भुत रिद्‌म है। भाषा का अधिक विकास नहीं हुआ है। व्याकरण में समानार्थी शब्द न के बराबर है। मिलती-जुलती कई चीज़ों के लिए एक ही नाम इस्तेमाल करते हैं। कम शब्दों के बावजूद सम्प्रेषणीयता की कोई दिक्कत नहीं है। ओंगी खुशमिजाज़ हैं, मेहनतकश और सरल स्वभाव के हैं। इसी वजह से उनकी वनोपज का शोषण भी होता है जिससे वे दुखी भी मालूम होते हैं।

ओंगियों की पुरानी ज़िन्दगी और दुनिया जितनी खुशहाल बताई जाती थी उतनी अब शायद नहीं है। अच्छे इरादों से सरकार उनके बीच है, ज़रूरत है दुर्बल और ख़त्म होती जा रही इस जनजाति को बचाया जाए, और ऐसे सामाजिक कार्यकर्त्ताओं और मानव वैज्ञानिकों को ढूँढ़ा जाए, जो उनके मंगल के लिए दृढ़ संकल्प हों।

सेंटिनली

हमें आज़ाद हुए आधी सदी से ऊपर हो गया। हमारे सामने उपलब्धियों के चमत्कारपूर्ण आँकड़ों का संसार है। एक तरफ अन्तरिक्ष में पाँव धरने का गौरव है, दूसरी तरफ अंटार्कटिका का अभियान है। अग्नि और पृथ्वी जैसी मिसाइलों का सफल प्रक्षेपण है तो सांस्कृतिक प्रदर्शनियों की उपलब्धियाँ। हर क्षेत्र में छोटी-बड़ी सफलताएँ। हर विज्ञापन इसी की दुहाई देता नजर आता है। लेकिन कुछ ऐसा भी है, जो दृष्टि में आया ही नहीं। अख़बार में कभी छपा नहीं। सरकारी माध्यमों की पकड़ से लगातार छूटता रहा। आश्चर्यजनक कि वह इसी देश के एक हिस्से में है। दुनिया उस अकेली खत्म होती जनजाति के बारे में शायद कुछ नहीं जानती। कम-अज-कम देश के कर्णधार तो बिल्कुल नावाक़िफ हैं।

पोर्टब्लेयर के पश्चिम में एक द्वीप है नार्थ सेंटिनल। रहस्य-रोमांच और अँधेरों में डूबा हुआ। नीग्रोव्ह मूल की दुर्लभतम जनजाति सेंटिनल का अकेला गढ़। सिर्फ़ यही जनजाति दुनिया में बची है जिसके बारे में मानव वैज्ञानिक कुछ नहीं जानते। सब कुछ परिकल्पना के आधार पर कहा जाता है। वह भी इतना कम कि उसे न जानने के बराबर माना जाता है। इनकी जनसंख्या अनुमानतः पचास है। इनका रहन-सहन, खान-पान शायद ओंगी या जारवा की तरह है, पर उनकी परम्परा मुमकिन है जारवा आदिवासियों की तरह हों। देहयष्टि, चेहरे की बनावट, बालों आदि के बारे में विश्वास से कुछ कहा नहीं जा सकता। भाषा का जानना कल्पनातीत है। अस्त्र-शस्त्रों की बनावट जारवा की तरह हो सकती है।

क्या वजह है कि दुनिया की यह दुर्लभतम जनजाति गुमनामी के अँधेरे में जी रही है? किसी नीतिगत फैसले की वजह से या भयवश? इतिहास बताता है कि यह एक खूँखार क़िस्म की जनजाति है जो किसी को अपनी दुनिया में प्रवेश की अनुमति नहीं देती। तीरों की बौछार के बीच आपका स्वागत तय है। अगर यह न हुआ तो ये आदिमानव घने जंगलों में भाग जाएँगे। उनके इस व्यवहार को लेकर कई धारणाएँ हैं, परिकल्पनाएँ हैं। कुछ मानव वैज्ञानिक एक अरसे तक इन्हें जारवा परिवार के आदिवासी मानते रहे, जिनका व्यवहार भी अभी तक आक्रामक माना जाता है। कुछ इनकी तुलना ओंगी जनजाति से करते हैं। एक लम्बे समय के बाद इन्हें सेंटिनलीज नाम दिया गया जिसका आधार इनका पश्चिमी, सेंटिनल द्वीप में रहना है। कोई सामाजिक, सांस्कृतिक

या ऐतिहासिक तथ्य इसके पीछे दिखाई नहीं पड़ते। आज की तारीख़ तक उनका ऐसा प्रामाणिक चित्र उपलब्ध नहीं है, जिसके आधार पर कुछ अनुमान लगाए जा सकें। एकमात्र ऐसा चित्र है, जो शायद एक वीडियो फिल्म से निकाला गया स्टिल है। 'मेन इन सर्च ऑफ मेन' के नाम से बनी इसी फिल्म से लिया गया यह अकेला चित्र है, ऐसी चर्चा है। इसके बाद राकेश मंजुल के दूरदर्शन के लिए बनाए गए वृत्तचित्र हैं बस।

इस द्वीप के रहस्यों को जानने के लिए ब्रिटिश अधिकारी उन्नीसवीं सदी से वहाँ जाते रहे हैं। 1867 में कारबाइन नामक अंग्रेज अफ़सर के इस द्वीप की यात्रा का रिकॉर्ड मिला है। यह अफसर अपनी यात्रा में अंदमानियों को लेकर गया था। उन्होंने दस लोगों का एक समूह किनारे पर देखा और अनुमान लगाया कि वे जारवा थे। चूँकि जारवा आदिवासियों ने कई 'आक्रमणों' से अंग्रेज अफसरों तथा क़ैदियों को हताहत किया था, सो अगले तेरह वर्षों तक भयवश इस द्वीप की तरफ कोई अधिकारी नहीं गया। जनवरी 1880 में केंडल और पोर्टमैन नामक अंग्रेज अधिकारी इस द्वीप पर उतरे और कुछ उजड़ी झोंपड़ियाँ देखकर लौट गए। पोर्टमैन ने एक और यात्रा की, वहाँ रुके और एक औरत और उसके साथ चार बच्चों को पकड़ लाए। जहाज पर उन्हें कुछ दिन रखकर बाद में छोड़ दिया। कुछ समय बाद पोर्टमैन फिर गए और एक वृद्ध सेंटिनलीज, एक औरत और चार बच्चों को पकड़कर ले आए। पोर्टब्लेयर में कुछ दिनों अपनी निगरानी में रखा पर किसी बीमारी की वजह से वृद्ध और औरत मर गए। इस घटना के बाद बच्चों को पोर्टमैन ने पुनः द्वीप में वापस भेज दिया। बाद में उसने सम्पर्क बढ़ाने की योजना बनाई, पर वह सफल नहीं हुई।

इसके बाद सेंटिनलीज का किसी रिपोर्ट में लगभग सत्तर वर्ष तक कोई उल्लेख नहीं मिलता। 1951 की जनगणना तक इन्हें जारवा आदिवासी माना जाता रहा। 1961 की जनगणना में इनका उल्लेख सेंटिनलीज के रूप में मिलता है। अंदमान में रहनेवाली नीग्रो मूल की जनजातियों में यही ऐसी जनजाति है जिसके पिछले 200 ज्ञात वर्षों से तथाकथित सभ्य समाज से किसी तरह के कोई सम्बन्ध नहीं है। इस द्वीप में जाने का कोई विचार भी नहीं करता। यदा-कदा अंदमान प्रशासन की सम्पर्क समिति जाती है, जो काफी दूर से उपहारस्वरूप नारियल, केले आदि किनारों पर छोड़ आती है।

फरवरी 1989 में आदिम जनजाति विभाग की एक टीम इस द्वीप पर उतरने में सफल हुई, ऐसी ख़बर है। इस यात्रा में उन्हें कुछ उजड़ी झोंपड़ियाँ देखने का अवसर मिला। ये झोंपड़ियाँ 10 से 12 मीटर लम्बी तथा 3 से 4 मीटर चौड़ी है। इनकी बनावट की मुख्य बातें हैं—नीचे की तरफ झुका होना, तीन-चार दरवाजों जैसे भीतर की तरफ रास्ते, जंगली पत्तियों की छत और बीच में बल्ली जैसी लकड़ियों का इस्तेमाल। ये झोंपड़ियाँ 'कम्यूनिटी हट' शैली की हैं। इनके भीतर कुछ कामचलाऊ चूल्हे, टोकनियाँ, सूअर की खोपड़ियाँ, लोहे और लकड़ी के तीर, समुद्री जीवों की हड्डियाँ जैसी वस्तुएँ प्राप्त हुई हैं। इन वस्तुओं से अनुमान लगाया गया कि सेंटिनलीज की जीवन शैली और

खान-पान जारवा आदिवासियों की तरह है। वे शिकार पर आश्रित हैं। अपनी झोंपड़ियों को किसी कारणवश नष्ट कर वे नए ठिकाने बना लेते हैं। उनकी झोंपड़ियाँ या तो समुद्री किनारे एक ऊँचाई पर होती हैं या फिर जंगल में पेड़ों के नीचे।

आज से कोई एक दशक पहले अंदमान-निकोबार के तत्कालीन पुलिस अधीक्षक ने भी इस द्वीप में उतरने की कोशिश की थी। लेकिन तीरों की बौछार ने उन्हें सिर्फ़ द्वीप पर क़दम रख पाने की सफलता का ही सुख दिया। उन्हें उल्टे पाँव लौटना पड़ा। तब से उस जगह का नाम 'सिनारी प्वाइंट' हो गया। यह बात बार-बार चौंकाती है कि सम्पर्क समितियों के दौरों के बावजूद इन आदिवासियों के बारे में किसी तरह की कोई प्रामाणिक जानकारी नहीं जुटाई जा सकी है। अभी तक सारे अभियानों की नीति सुरक्षात्मक रही है। जो कारण बताया जाता है वह बहुत अधिक विश्वसनीय नहीं लगता। कहा जाता है कि उनके जीवन में कोई परिवर्तन लाने की बजाय उन्हें अपने हाल पर छोड़ देना श्रेयस्कर है, ताकि उनकी संस्कृति बची रहे। लेकिन यह नीति कब तक और? जब उनकी अनुमानित संख्या केवल पचास है, तब कब तक बची रह सकती है उनकी ज़िन्दगी और विरासत? आज की स्थिति को देखते हुए उन्हें प्राकृतिक विधान के तहत भी ख़त्म हो जाना है और शायद दूसरी तरह भी। आनेवाले 25-30 वर्षों के बाद वे इतिहास के किसी अध्याय में सन्दर्भ रूप में बचे रह जाएँगे। दुनिया कभी न जान पाएगी इस अकेली दुर्लभ जनजाति के बारे में कुछ भी। क्या हमारे मानव वैज्ञानिकों की यही नीति है और अगर हाँ तो उसका क्या लाभ है? हमारी उपलब्धियों में, विकास यात्रा में, अन्वेषण कथाओं में सम्भवतः यही ऐसा अध्याय होगा जिसमें लिखा होगा कि हमारे सामने एक आदिमानव समूह शनैः-शनैः मृत्यु को प्राप्त हुआ। हम उसके बारे में कुछ नहीं जानते क्योंकि जानना हमारी नीति का मुद्दा नहीं था।

निकोबारी

बसती है इस पृथ्वी में जो पावन आत्मा
इस उत्सव में, अर्चना करते हैं हम कि
उसने किया हमारी फसलों को समृद्ध

उपस्थित हुए हैं हम, व्यक्त करने को आभार
स्वीकारो हमारे इस उत्सव-पर्व का 'कुंसैअउ'
जो हमने अर्पित किया तुम्हारे दिए फलों को

जब हम टाँग दें अपने घरों में ये फल
विराजो तुम इन पर और करो रक्षा
कि पाएँ सुरक्षित-स्वस्थ बीज अगले बरस फिर

आशीषो हमें! भूमि में बसनेवाली है पावनात्मा!

इस निकोबारी प्रार्थना ने ही पहले-पहल मुझे विवश किया था कि जुड़ूँ उस जीवन से ओर समेट लूँ अपने भीतर वहाँ की अनछुई संस्कृति और अशेष सौन्दर्य। अपने अंदमान प्रवास में, खासतौर पर मैंने यात्राओं पर निकलने के पूर्व खोजकर कई लोककथाओं और लोकगीतों को सुना। इससे अंदमान और निकोबार द्वीप समूह दोनों की लोककथाओं और गीतों से मेरा परिचय हुआ। ऊपर उद्धृत काव्य भाषान्तर मैंने अपने एक निकोबारी मित्र की मदद से किया। इसके अलावा कई और भाषान्तर किए, सिर्फ़ इसलिए कि अपने तईं उनकी जीवन पद्धति, संस्कार, परम्पराओं और सांस्कृतिक पर्व-त्यौहारों को जान सकूँ। मेरा विश्वास है कि किसी भी लोकसंस्कृति का प्रामाणिक उत्स हमें जितना अधिक उनकी कथाओं और गीत-संगीत से प्राप्त हो सकता है, उतना उन किताबों से नहीं, जो इतिहास में सायास हस्तक्षेप करने के उद्देश्य से लिखी जाती हैं। निकोबारियों की लोककथाओं और लोकगीतों में, उनके आसपास के वाचिक-विमर्श में बिल्कुल सामान्य चीज़ों का बार-बार उल्लेख मिलता है। ये चीज़ें आज भी उनके जीवन का आधार हैं और इन बेहद साधारण चीज़ों के बग़ैर वे अपने जीवन की कल्पना नहीं

कर सकते। लोककथाओं और लोकगीतों में बसी हुई ये चीज़ें हैं—कटहल, रतालू, केले, जंगली आलू, नारियल, सुपाड़ी, सूअर, नाव, मछली, तीर-कमान आदि। इन चीज़ों के जन्म और विकास, निकोबारियों से इनके आत्मीय सम्बन्ध, ईश्वर द्वारा निकोबारियों को वरदान में इन चीज़ों का प्राप्त होना, यही सब कुछ समाहित है निकोबारी लोककथाओं और लोकगीतों में। लगभग छह माह तक मैंने ठीक मिट्टी की गन्ध से जीवन को पकड़ने में लगाए और बार-बार रोमांचित हुआ। तिलौंग चांग, चावड़ा, तरास्सा, बम्पुका, कमोर्टा, ट्रिकेन्ट, कचाल, नन्कौरी, लिटिल निकोबार, ग्रेट निकोबार, पुलो-मिलो, इसके अलावा कई और छोटे-छोटे द्वीप भी हैं। केवल बारह द्वीपों में आबादी है और शेष सात द्वीपों में आज भी कोई आदमी नहीं बसता। सुविधाओं के अभाव में भयावह द्वीपों में बसना असम्भव है। दूर-दूर तक सघन वन, विषैले जीव-जन्तु, दुर्गम यात्राएँ और चारों तरफ लहराता समुद्र जैसे कई कारण हैं कि बसने की कल्पना ही भयाक्रान्त करती है। फिर भी प्रकृति और जीवन से अनवरत संघर्ष करते हुए अदम्य जिजीविषा के साथ निकोबारियों ने कई कठिन द्वीपों में जीवन को सम्भव बनाया है। न केवल ब्रिटिश हुकूमत बल्कि जापानियों द्वारा दी गई शारीरिक-मानसिक यन्त्रणाओं को लम्बे काल तक भोगा है, जिसकी परछाइयाँ अभी भी उनकी स्मृतियों को सिहराती हैं। तमाम यन्त्रणाओं के बावजूद निकोबारियों ने अपनी ज़मीन को छोड़ना मंज़ूर नहीं किया उन्होंने अद्भुत संघर्ष किया। जिसमें कई निकोबारी जापानी क्रूरताओं की भेंट चढ़ गए। अपने पूर्वजों की स्मृति में आज भी प्रार्थनाएँ होती हैं, गीत गाए जाते हैं :

भयावह अन्धकार था चारों तरफ़
क्रूरताएँ थीं बेशुमार उनकी
फिर भी तुम लड़े और जीते
तुमने छोड़ा हमारे लिए सूर्य
और समुद्र और यह सघन द्वीप
उगते हैं आज भी नारियल
दौड़ते हैं सूअर और जन्मती हैं मछलियाँ

अब भी वैसा ही सब, सिर्फ़ तुम नहीं
पूर्वजों! हम चल रहे हैं अब भी उसी रास्ते पर
जिस पर गुजरते हुए तुमने सौंपा हमें
खूब सुन्दर और संघर्ष में डूबा हुआ यह जीवन!

निकोबारी मंगोल वंश के हैं। यह प्रश्न आज भी विवादास्पद है कि निकोबारियों का उद्भव और विकास इन द्वीपों में कैसे हुआ। एक निकोबारी लोक कथा है कि किसी अन्य देश की एक राजकुमारी थी जो विवाह के पूर्व ही गर्भवती हो गई। वहाँ के राजा ने उसे देशनिकाला दे दिया। राजकुमारी को एक नाव में बैठाकर अनजान दिशा में छोड़

दिया गया। नाव बहते हुए कार-निकोबार के बिगलपाती गाँव के किनारे जा लगी। राजकुमारी ने वहाँ एक पुत्र को जन्म दिया। कार-निकोबार तब एक निर्जन द्वीप था। राजकुमारी कालान्तर में अपने ही पुत्र से काम क्रीड़ा के लिए आतुर हो उठी। वह अपने पुत्र को अन्य स्थानों में जाने को कहती और वहाँ स्वयं वेश बदलकर पहुँच जाती और विषय भोग करती। इस समागम के फलस्वरूप जिस सन्तति का विकास हुआ वही निकोबारी के नाम से जानी गई। यह कथा कितनी सत्य है, कहना मुश्किल है किन्तु इसके प्रमाण अवश्य मिलते हैं कि कार-निकोबार में सबसे पहले बिगलपाती में ही लोगों का होना पाया गया। जैसे-जैसे आबादी का विकास हुआ, निकोबारी अन्य गाँवों में फैलते गए। कार-निकोबार में कुल 14 गाँव हैं और आज भी वे बिगलपाती को ही अपना मूल स्थान मानते हैं। कार-निकोबार का प्रमुख भी इसी गाँव से होता रहा है।

1988-90 के दौरान मैंने इस द्वीप की 2-3 यात्राएँ की। द्वीप प्राकृतिक सौन्दर्य की वजह से बार-बार अपनी तरफ खींचता है। समुद्र यहाँ सबसे अधिक सुन्दर है, नीला-झक्क। हर समय दूधिया फेन किनारे पर जन्मता है। लगता है किनारे-किनारे समुद्र से धुआँ उठ रहा हो। इसी द्वीप में आपको समुद्र के किनारे दूर-दूर तक शंख, सीपियाँ और रंग-बिरंगे कोरल बड़ी संख्या में मिलते हैं जो पर्यटकों के आकर्षण का विशेष केन्द्र हैं। अपनी पहली यात्रा मैंने हर्षवर्धन से की, जो अंदमान-निकोबार प्रशासन का सर्वश्रेष्ठ जहाज था। शाम पाँच बजे रवाना हुआ। अँधेरा घिर रहा था और पोर्टब्लेयर रोशनी से नहा उठा था। पोर्टब्लेयर की रोशनियाँ समुद्र पर कविताएँ रच रही थीं और रोशनी की परछाइयों की वजह से दूधिया फेन भी यदा-कदा रंग-बिरंगा हो उठता था। बीच-बीच में उड़न मछलियाँ सतह पर दिखाई दे जाती थीं। इक्का-दुक्का शोर मचाते स्टीमर इन मछलियों की शान्ति को भंग कर जाते थे और वे समुद्री गहराई में कहीं गुम हो जाती थीं। मुगल लॉज की रेलिंग से मैं समुद्र को एक बच्चे की तरह निहार रहा था। मन में उत्सुकता थी एक नए द्वीप से जुड़ने और निकोबारी संस्कृति से प्रत्यक्ष परिचय की। समुद्री हवाएँ तेज़ हो उठी थीं और सभी अपने-अपने केबिन में लौटने लगे थे। हम गूमड़ों की तरह उठे द्वीपों को तब तक निहारते रहे जब तक नज़रों ने साथ दिया फिर घुप्प अँधेरा था और उसमें डूबा समुद्र और जहाज। हम भी केबिन में बेमन से लौट गए। घंटों के इस रोमांचक सफर में हमारे साथ समुद्र था और उसकी लहरों का संगीत। यात्रा भर हमारे दिमाग में एक ही उत्सुकता थी निकोबारियों के बीच पहुँचकर और कुछ दिन रुककर उनको जानने-समझने और उनके इतिहास में झाँकने की। विशेष तौर पर चीफ केप्टन एडवर्ड कूचट से मिलने की, जिसकी आँखों में अब भी क़ैद हैं निकोबारियों के इतिहास के अनगिनत अध्याय। उन्हें भारत सरकार ने पद्मश्री अलंकरण देकर सम्मानित किया है। पं. नेहरू के साथ उनकी दिलचस्प स्मृतियाँ हैं जिसे इतिहास कितना कम जानता है। बिन सोए ही हमने यात्रा समाप्त की और तड़के ही कार-निकोबार की टी टॉप जेट्टी से लगभग दो किलोमीटर दूर समुद्र में रुक गए। कार-निकोबार में आज भी ऐसी कोई जेट्टी नहीं है कि कोई मझोला या बड़ा

जहाज किनारे लग सके। कारण एक प्रमुख व्यवसायी का प्रभाव, जो नहीं चाहता कि जहाज के किनारे लगने की व्यवस्था हो अन्यथा दूसरे व्यवसायी उसके प्रभुत्व को समाप्त कर देंगे और निकोबारी समुदाय की वनोपज को सीधे व्यापार की सुविधा मिल जाएगी। हर्षवर्धन बीच समुद्र में था और वहाँ एक लोहे का पेंटून लगा दिया गया था जो लहरों के वेग से 5-6 फुट से ऊपर उछल रहा था। हम सँभलते हुए पेंटून पर कूदे, सुरक्षा के लिए गोताखोर तैनात थे। जरा सी असावधानी पर समुद्र की गहराइयों में आसानी से खोने का पूरा इन्तजाम था यात्रियों के लिए। खैर हम पेंटून से एक स्टीमर पर सवार हुए और स्टीमर मज़े से 8 फीट की ऊँचाई तक उछल रहा था। दो किलोमीटर दूरी से हमें दिखाई दे रहा था नारियल व सुपाड़ी के वनों से आच्छादित कार-निकोबार। इसी द्वीप को, किनारों पर झूमते आदिवासियों को 851 ए.डी. में किसी अरब पर्यटक ने दक्षिणी चीन की यात्रा पर जाते हुए देखकर नाम दिया 'नक्कावरम' अर्थात् नग्न मनुष्यों का देश। सम्भव है इसी से आगे जाकर इसका नाम निकोबार पड़ा हो। लगभग 1293 के आसपास मार्कोपोलो ने इधर से गुजरते हुए इन द्वीप वासियों को देखकर लिखा था, "उनका कोई राजा या प्रमुख नहीं होता, वे चार पैरोंवाले पशुओं की तरह हैं। स्त्री-पुरुष किसी भी तरह के वस्त्र नहीं पहनते और वे पूरी तरह असभ्य हैं।" कुछ अन्य पर्यटकों ने इन्हें नरभक्षी तक कहा था। किन्तु अब ये अफवाहें लगती हैं। निकोबारी स्वभाव से शान्त प्रकृति के हैं। वे कर्मवीर हैं। बातचीत कम करते हैं, यहाँ तक कि अनावश्यक मेल-जोल उनकी आदतों में शामिल नहीं। उनसे कुछ जानने के लिए पहले उनका विश्वास अर्जित करना आवश्यक है। ग्रामीण प्रशासन व्यवस्था अब भी है। प्रत्येक गाँव का प्रमुख कैप्टन होता है, उसके ऊपर वाइस चीफ कैप्टन और फिर चीफ कैप्टन, जो पूरे 15 गाँवों का एक तरह से राजा होता है। जो उन दिनों एडवर्ड कूचट थे। लेकिन उन अर्थों में यहाँ राजा नहीं होता जिन अर्थों में इतिहास कथाओं में पढ़कर हम राजाओं को कोसते हैं या घृणा करते हैं। कार-निकोबार में चीफ कैप्टन का अर्थ है ऐसा राजा जो बुजुर्ग, आदरणीय, अनुभवी और निकोबारियों के हितों का रक्षक हो। एडवर्ड कूचट से मुलाक़ात के बाद हमने ऐसा ही महसूस किया। सभी उनका न सिर्फ़ आदर करते थे बल्कि उनकी सलाह को आदेश रूप में ग्रहण करते थे। लोकतन्त्र का एक आदर्शस्वरूप कार-निकोबार में मौजूद है जहाँ घटिया राजनीति का रंग अभी तक छू नहीं सका।

अपने प्रवास में एडवर्ड कूचट, वेलिंगडन, मार्टिन, मोजेस सहित कई निकोबारियों से लम्बी-लम्बी आत्मीय चर्चाएँ हुईं। एक-एक कर हमने पूरे पन्द्रह गाँवों को टुकड़ों में घूमने के अवसर जुटाए और निकोबारियों से उनकी संस्कृति, परम्पराओं और संस्कारों की जानकारी हासिल की। बावजूद इसके कि निकोबारियों ने अब ईसाई धर्म स्वीकार कर लिया है, फिर भी पुराने संस्कारों से वे जुड़े हुए हैं। मूस ग्राम में एक बुजुर्ग निकोबारी ने कुछ पुराने संस्कारों का ज़िक्र किया, जो दिलचस्प और अविश्वसनीय लगते हैं। कुछ संस्कार एकदम अलग और आश्चर्यजनक हैं। 'तालिको-योंग-निओ' एक ऐसा ही संस्कार है जिसमें किसी भी बच्चे के जन्म के पूर्व निकोबारी गर्भवती महिला को घर

में रखने का रिवाज नहीं है। इस संस्कार के तहत चली आ रही परम्परा में गर्भवती महिला को गाँव के बाहर बने एक घर में रहना होता है। निकोबारी जन्म की प्रक्रिया को अपवित्र मानते हैं। इस समय किसी भी अजनबी को गर्भवती महिला से मिलने की मनाही होती है। 'किनान्यों' एक अलग रोमांचक क़िस्म का संस्कार है जिसमें सूअर के कान व पूँछ से निकाले गए रक्त से शरीर की मालिश की जाती है। किसी भी उम्र में यह मालिश की जा सकती है। निकोबारी मानते हैं कि मालिश से शरीर को शक्ति मिलती है। इसी तरह 'ओकमाहम' की एक विचित्र परम्परा है जिसमें सूअर का गर्म किया रक्त नारियल के खोलनुमा बर्तन में पिया जाता है। निकोबारियों का विश्वास है कि इन द्वीपों में पड़नेवाली अत्यधिक गर्मी में रक्त पीने से शरीर ठंडा रहता है। इन संस्कारों में अब बदलाव भी आ रहे हैं। नई पीढ़ी इन्हें पूरी तरह नहीं स्वीकारती, फिर भी जहाँ अशिक्षा और अन्धविश्वास के साए हैं वहाँ कम ही सही, इन संस्कारों को निभाया जाता है। निकोबारी भूत-प्रेत में भी विश्वास रखते हैं और हर गाँव में तन्त्र-मन्त्र के जानकार होते हैं। इन्हें न केवल सामाजिक मान्यता प्राप्त है वरन् सम्मान की दृष्टि से देखा जाता है। कार-निकोबार में कम किन्तु आसपास के द्वीपों में प्रेतात्मा पर विश्वास खूब किया जाता है। निकोबार में मातृसत्तात्मक व्यवस्था है। विवाह के बाद लड़का ससुराल में रहता है। अधिकतर प्रेम विवाह होते हैं। तलाक नहीं होते। विधवा विवाह का चलन है और निकोबारियों में 'हनीमून' की रीति नहीं है जबकि वे ईसाई धर्म को माननेवाले हैं। विवाह के बाद 'बिगोंच' नामक दावत का आयोजन होता है। इसे निकोबारी लड़की के जीवन का सर्वाधिक महत्त्वपूर्ण दिन माना जाता है।

निकोबार का प्रमुख व्यवसाय सूअर, बकरी पालन, सुपारी-नारियल तोड़ना, मछली मारना है। यहाँ अब भी वस्तु विनिमय प्रथा है। वनोपज इकट्ठा कर ये ट्रेडिंग कम्पनी को सौंप देते हैं जहाँ से इन्हें ज़रूरत का सामान मिल जाता है। अन्य किसी तरह की दुकानें यहाँ नहीं हैं। सरकार की राशन दुकानें हैं जहाँ चावल, शक्कर, तेल आदि मिलता है। सूअर इनका प्रिय पशु है जिसे ये बच्चे की तरह पालते हैं। पुरानी कहानियों में यह ज़िक्र भी आता है कि सूअर के दुर्बल बच्चों के पैदा होने पर निकोबारी महिलाएँ उन्हें दूध भी पिलाया करती थीं। निकोबारी चालाक व धूर्त नहीं होते। वे सीधे व सरल होते हैं। विश्वास और प्रेम में जीते हैं। उनका शारीरिक गठन मजबूत होता है। रंग गेहुँआ, नाक चपटी, आँखें कुछ भीतर को धँसी हुईं और गालों की हड्डियाँ उभरी हुई होती हैं। कार-निकोबार में इनकी संख्या लगभग 25 हज़ार है। स्वस्थ शरीर होने की वजह से इनके प्रिय खेल हैं मल्ल युद्ध, नौका दौड़ और फुटबाल। यहाँ के खिलाड़ी फुटबाल में सुब्रतो गोल्ड कप और नेहरू मेमोरियल गोल्ड कप में भी स्थान पा चुके हैं। सूअर भिड़न्त एक अद्‌भुत खेल है। इसमें जंगली सूअर को एक बाड़े में दो-तीन दिन तक भूखा रखा जाता है। भिड़न्त के समय कभी-कभी ताड़ी भी पिला दी जाती है ताकि खेल रोमांचक हो। सूअर के पीछे के पैरों में मजबूत डोरी बाँधी जाती है ताकि सूअर क्रोध में लड़नेवाले युवक को ख़त्म न कर सके। इसमें सिर्फ़ बलिष्ठ सूअर भाग

लेते हैं। डोरी ढीली की जाती है, सूअर आक्रमण करता है और युवक थका-थका कर सूअर को काबू में करने का प्रयास करता है। जीत तब मानी जाती है जब युवक सूअर के कान पकड़कर उसे काबू में ले आए। निकोबारियों को रोमांच प्रिय है। नौका दौड़ की सालाना प्रतियोगिता एक उत्सव की तरह आयोजित होती है जिसमें सभी इकट्ठे होते हैं और प्रतियोगिता के साथ भोज का भी आयोजन होता है। हर महत्त्वपूर्ण मौके पर सूअर का मांस परोसा जाता है। सूअरों की संख्या से ही निकोबारी अपने वैभव को प्रदर्शित करते हैं यानी जिसके पास जितने अधिक सूअर वह उतना बड़ा आदमी।

लोकनृत्य संगीत उनके जीवन का प्रमुख मनोरंजन है। पर्व-त्यौहार के अलावा मृत लोगों की स्मृतियों में नृत्य-संगीत के कार्यक्रम होते हैं। आधुनिक वाद्य यन्त्रों के प्रवेश से अब इनका अपना पारम्परिक संगीत जैसा कुछ नहीं बचा है सिर्फ़ लोकनृत्य इस दृष्टि से महत्त्वपूर्ण हैं जिनमें अद्‌भुत गति से पद संचालन होता है। लय पर ही पूरा लोकनृत्य केन्द्रित होता है। लोकनृत्य में वे वाद्य यन्त्रों का इस्तेमाल नहीं करते, इसमें पुरुष-स्त्री दोनों कमर में हाथ डालकर नाचते हैं। निकोबारियों में जो अच्छा गाता व नाचता है उसकी कलाकार के रूप में इज्जत की जाती है। एक तरह से संगीत निकोबारियों की धमनियों में बहता है।

निकोबारियों को नई सभ्यता के सूरज से जॉन विशप रिचर्डसन ने जोड़ा था जो स्वयं निकोबारी थे। उनका नाम बड़ी श्रद्धा व आदर से लिया जाता है। उन्होंने ब्रिटिश व जापानी हुकूमत के समय निकोबारियों को एक सूत्र में बाँधकर रखा और संघर्ष की प्रेरणा दी। शिक्षा का प्रसार उन्हीं की वजह से सम्भव हुआ। विशप रिचर्डसन की मदद से निकोबारियों को ईसाई धर्म स्वीकार करवाया गया था। अब वहाँ एक नया सवेरा है। विकास कार्य काफी हुए हैं। कार-निकोबार हवाई मार्ग से जुड़ गया है और हेलिकॉप्टर सेवा से भी। बावजूद इन परिवर्तनों के निकोबारियों ने अपनी मिट्टी की गन्ध को अब तक सहेजकर रखा है। वे अपनी संस्कृति से बेइन्तहा प्यार ही नहीं करते बल्कि उसमें किसी भी हस्तक्षेप को बरदाश्त नहीं करते। प्रलोभनों और चमक-दमक से दूर वे शोषण के शिकंजे में फँसे हुए भी अपनी दुनिया में खुश हैं।

कार-निकोबार की रोमांचक यात्रा के जाने कितने पहलू हैं, कथाएँ हैं और रहस्य-रोमांच हैं, जो लिखे नहीं जा सके। निकोबारी संस्कृति का इतिहास बहुत विशाल है और निकोबार द्वीप समूह के अन्य द्वीपों में फल-फूल रही संस्कृति भी अलग। एक बार में निकोबार द्वीप समूह को न तो समेट पाना मुमकिन है, न लिख पाना सम्भव है। अतएव शेष फिर कभी।

शोम्पेन

द्वीपों में बसते हैं सभ्यजन
जिनके हिस्से में उपलब्ध है
तमाम सुविधाओं का संसार

इस दृश्य से बाहर सघन वनों में
संघर्षरत हैं मनु पुत्र
और वहाँ न नदी, न कुआँ और न सरकारी रसद

उनके हिस्से में हहराता समुद्र और भयावह वन
जहाँ उपलब्ध हैं मछलियाँ, केंकड़े, सूअर
रतालू, पांडुनस, कटहल और जंगली भाजियाँ

जलराशि सहेजे नारियल और बेंत समूह
और इस तरह शेष जीवन की आस वहाँ
अभी भी शेष है बहुत और बहुत कुछ

निकोबार द्वीप समूह में देश के आखिरी छोर बृहत्तर निकोबार में अपने अस्तित्व की लड़ाई लड़ रही है मगोलवंश की दुर्लभ जनजाति—शोम्पेन। इनकी अनुमानित संख्या है 250। छोटे-छोटे समूह में रहनेवाले ये आदिवासी बृहत्तर निकोबार के आसपास द्वीप वनों में बसते हैं। जनसम्पर्क में आने से कतराते हैं। ब्रिटिश काल, जापानी आधिपत्य (1942-45) के दौरान तथा ठीक आज़ादी के बाद इन पर अत्याचार हुए थे। शोम्पेन गौर वर्ण के हैं। दिखने में आकर्षक और गठी हुई देह के स्वामी। एक लम्बे जीवनकाल तक वस्त्र धारण नहीं करते थे। अब प्रवासी भूखी आँखों से बचने के लिए न के बराबर वस्त्र धारण करते हैं। स्त्रियों के रंग-रूप और आकर्षक देह का सभ्य समाज ने बहुत शोषण किया, इसी वजह से वे सम्पर्क में आने से भयभीत हैं। अंग्रेजों के अलावा आज़ादी के बाद निर्माण कार्यों के दौरान जवानों और तथाकथित सभ्य सरकारी कर्मचारियों ने इनका भरपूर शारीरिक शोषण किया। केम्बलवे के पुराने रहवासी इस बात

का अक्सर ज़िक्र करते हैं। इसका दुष्परिणाम यह हुआ कि वे आज भी सभ्य दुनिया के हिंसक मनुष्यों को देखते ही जंगलों में भाग खड़े होते हैं। दो-चार शोम्पेन कभी-कभार विश्वास में सरकारी अफसरों को अपनी दुनिया दिखाने की चेष्टा भी करते हैं तो बाकी शोम्पेन और खासकर महिलाएँ अपने ठिकानों को छोड़ जंगलों में भाग खड़ी होती हैं। गम्भीरता से विचार करें तो आज हम सभ्य लोग कहीं अधिक अशिक्षित, असभ्य और हिंसक हैं, जिनकी वजह से दुर्लभ सभ्यता तिल-तिलकर समाप्त हो रही है।

शोम्पेन और निकोबारी आदिवासियों में गहरा साम्य है। दोनों ही मंगोलवंश के हैं और एक-दूसरे की भाषा को समझते हैं। दोनों के बीच अब भी सम्बन्ध हैं लेकिन कहा जाता है कि निकोबारियों ने भी इनका शोषण किया। निकोबारी आज सभ्य समाज की जमात में शामिल हैं। और अपेक्षाकृत चालाक और बुद्धिमान हैं। इन्होंने शोम्पेन आदिवासियों का ग़ुलामों की तरह इस्तेमाल किया। वे अपने बागानों में इनसे बँधुआ मजदूर की तरह काम करवाते रहे और रोज़मर्रा की ज़रूरतों के हिसाब से उपभोग की वस्तुएँ देते रहे। शोम्पेन तम्बाखू के आदी हैं, थोड़ी सी तम्बाखू के लालच में इनसे दिन-दिन भर कठिन परिश्रम करवाया करते थे। शोषण का चक्र जब गहराने लगा तो इन्होंने निकोबारियों का साथ छोड़ दिया। अब वे वृहत्तर निकोबार के आसपास के जंगलों में फैल गए हैं।

शोम्पेन मुख्यतः समुद्र के किनारे-किनारे रहते हैं। भोजन की पूर्ति के हिसाब से अपने ठिकाने बदलते रहते हैं। इनके घर सतह से औसत 15-20 फुट की ऊँचाई पर होते हैं। एक बड़ा मचान बनाकर उसके ऊपर झोपड़ियाँ बनाते हैं। इन घरों में वे बाँस और उसकी पत्तियों का इस्तेमाल करते हैं। घर में नाम मात्र के बर्तन होते हैं। शहद रखने के लिए ये लकड़ी का पात्र बनाते हैं। शहद इनके भोजन की प्रिय वस्तु है। इसके अलावा पांडुनस, कटहल और जंगली कन्दमूल इकट्ठा करते हैं। मछली, कछुआ, केंकड़े के अलावा ये मगर का भी शिकार करते हैं। तीर-धनुष का इस्तेमाल नहीं करते, इनके स्थान पर हारपून की तरह के बल्लमों को प्रयोग में लाते हैं। निशानेबाजी में इतने माहिर हैं कि मछली, कछुए से लेकर मगर तक इसी बल्लमनुआ अस्त्र से मार लेते हैं। शोम्पेन मगर का मांस भी रुचि से खाते हैं। कुछ व्यापारियों से इनके सम्बन्ध हैं, अतः शहद के बदले में चावल और तम्बाखू भी प्राप्त कर लेते हैं।

वृहत्तर निकोबार के जंगलों में नौका बनाने के लिए उत्तम क़िस्म की लकड़ियाँ प्राप्त हो जाती हैं। अपने लिए कामचलाऊ नौकाएँ शोम्पेन बना लेते हैं। निकोबारियों की तरह ये हस्तशिल्प में कुशल नहीं हैं। इनके बर्तन और नौकाएँ अपेक्षाकृत अकुशल क़िस्म की होती हैं। रहन-सहन में भी अधिक सफाई इनकी आदतों में दिखाई नहीं देती। तम्बाखू और सुपारी के अत्यधिक सेवन से इनके दाँत खराब हो रहे हैं और होंठों का आकार बढ़ रहा है। चूँकि सम्पर्क में नहीं आते अतः इनके स्वास्थ्य की जाँच और देखभाल एक गम्भीर समस्या है। हालाँकि निकोबारियों से इनकी ऊँचाई कुछ अधिक है। एक समय में वजन भी अधिक था किन्तु अब इन्हें बीमारियों ने घेरना शुरू कर

दिया है। अनुमान है कि इनकी संख्या घट रही है। शोम्पेन भोले-भाले और शर्मीले हैं। ये जारवा की तरह हिंसक नहीं है फिर भी इनसे सम्पर्क एक विकट चुनौती बनी हुई है।

अंदमान निकोबार प्रशासन शोम्पेन आदिवासियों को मुख्यधारा में लाने के लिए प्रयासरत है किन्तु प्रतिबद्ध और उत्सुक अधिकारियों और कर्मचारियों का अभाव है। अव्वल तो इस कठिन जीवन के लिए किसी का तैयार होना मुश्किल है और मजबूरी में अगर कोई तैयार भी हो जाए तो वह इन आदिवासियों की संस्कृति के बारे में कुछ नहीं जानता। मानव वैज्ञानिकों ने अभी तक ऐसा कुछ ठोस काम नहीं किया है कि जिसके आलोक में आगे बढ़ा जा सके। वैसे भी प्रशासन का मुख्य ध्यान पिछले कुछ सालों में नीग्रोव्ह मूल के जारवा आदिवासियों पर केन्द्रित है। बार-बार इसी जनजाति से सम्पर्क के प्रयास जारी हैं। इस गणित में शोम्पेन जनजाति पर उतना ध्यान नहीं दिया जा रहा।

जनसम्पर्क से कटे होने के कारण इनकी संस्कृति के बारे में ज़्यादा ज़ानकारियाँ उपलब्ध नहीं हैं। शोम्पेन छोटे-छोटे समूहों में विचरण करते हैं। इनके विवाह आपस में ही होते हैं किन्तु वैवाहिक संस्कार में किसी तरह की धूम-धाम नहीं होती। शोम्पेन अपने परिवार में घुल-मिलकर रहते हैं। बच्चों को विशेष चाहते हैं। इनकी अपनी लोककथाएँ हैं जो निकोबारियों से मिलती-जुलती हैं। इनके अपने पारम्परिक वाद्य नहीं हैं। अतः गीत-संगीत के बारे में कोई ठोस जानकारी उपलब्ध नहीं है। इनके धर्म के बारे में भी कोई जानकारी नहीं है। अनुमान है कि निकोबारियों की तरह ये भी भूत-प्रेत में विश्वास रखते हैं।

शोम्पेन से हुए सीमित सम्पर्क से पता चलता है कि ये मुख्यधारा में शामिल होने में कोई रुचि नहीं दिखाते। समुद्री भोजन, सूअर और वनोपज पर जीवन बिताना उन्हें भाता है। सिर्फ़ तम्बाखू, रंग-बिरंगे कपड़ों और चावल प्राप्त करने में इनकी रुचि है, जिसकी प्रशासन की तरफ से कोई मुकम्मल व्यवस्था नहीं है। केम्बलवे के कुछ व्यापारी वनोपज और समुद्री सम्पदा के बदले में ये सामग्री उपलब्ध करवाते रहते हैं। इस तरह के वस्तु-विनिमय में इनका भरपूर शोषण होता है।

हमारे बीच आज एक दुर्लभ सभ्यता मृत्यु के कगार पर है। दुर्भाग्यपूर्ण यह है कि हम कितना कम जानते हैं उसके बारे में। जब उनकी जनसंख्या तक हमें नहीं मालूम तब उनकी संस्कृति को जान लेना अब हवाई कल्पना लगती है। एक सभ्यता हमारी आँखों के सामने दम तोड़ रही है और हम विवश से शून्य में देखने की चेष्टा मात्र कर पा रहे हैं। कितना ज़रूरी है इस दिशा में अब सार्थक पहल करना।

खंड-2

कवि और जनजातियाँ

वह कभी भी पहुँच सकता है वहाँ

अभी बिल्कुल अभी भुनी हैं मछलियाँ
और केंकड़ों की महक में डूबी झोपड़ी

अभी बिल्कुल अभी लौटी है
तोड़कर शहद का छत्ता
और पसीने में गमक रही है उसकी कद्दावर देह

महक में भीतर तक ऊब-चूब
घिसट रहा है पत्तों के बीच वह
वह बढ़ रहा है उस तरफ़
जिधर बह रहा है माँ के स्तनों से
उसके हिस्से का महकदार दूध

वह कभी भी पहुँच सकता है वहाँ

ओंगी पुत्र को पिता से पहला पाठ

डरो नहीं मेरे बच्चे
आगे बढ़ो
और ताकत भर कूदो समुद्र में

डरो नहीं मेरे बच्चे
आगे बढ़ो
और हिम्मत भर छान मारो जंगल

डरो नहीं मेरे बच्चे
आगे बढ़ो
और एक ही तीर से ख़त्म करो सूअर

डरो नहीं मेरे बच्चे
आगे बढ़ो
आगे बढ़ो
आगे बढ़ो

समुद्र की प्रार्थना

हम गाते हैं
समुद्र की प्रार्थनाएँ
कि सलामत रहे 'केनो'[1]

हम गाते हैं
समुद्र की प्रार्थनाएँ
कि सलामत रहे 'क्वालान्डा'[2]

हम गाते हैं
समुद्र की प्रार्थनाएँ
कि सलामत रहे 'चमेरे-बेर'[3]

हम गाते हैं
समुद्र की प्रार्थनाएँ
कि सलामत रहे 'ता-चोई-चा-लोक'[4]

हम गाते हैं
समुद्र की प्रार्थनाएँ
कि सलामत रहे समुद्र

---

1. नाव, 2. झोपड़ी, 3. आग जलाने की लकड़ियाँ, 4. धनुष-तीर बनाने की लकड़ियाँ।

काला पहाड़

यह समय रहा होगा पहले से तय
कि उठ रही थीं बड़ी-बड़ी लहरें उद्विग्न

वे आए उन्होंने कहा समुद्र के कान में
हमें जाना है 'काला पहाड़'[1]
वहाँ हमारे पूर्वज बसते थे पहले

पिछले कई दिनों से
वे आ रहे हैं हमारे सपनों में
और हमें जाना है 'काला पहाड़'

उन्होंने छुआ समुद्र को
और उठाकर अँजुलि भर जल
उछाल दिया लहरों की तरफ़

वे सवार थे अपनी-अपनी 'केनो'[2] में
समुद्र देख रहा था उनका जाना
और वे जा रहे थे 'काला पहाड़'।

---

1. ओंगी आदिवासियों का पैतृक द्वीप, जहाँ से उनके पूर्वज किसी दैवीय प्रकोप की वजह से भागे थे, ऐसी कथा है, 2. नाव।

पुलुगा[1]

'पुलुगा' है तो यह अंदमान और उसके बच्चे
जो कभी भी बेधड़क
चीर सकते हैं समुद्र का सीना

'पुलुगा' है तो तमाम व्याधियाँ
जो घेरती हैं दूसरों को
नहीं व्यापती उन्हें
वे बिचरते हैं नंग-धड़ंग द्वीपों में
और खाते कच्चे-अधकच्चे पशु-पक्षी
जीवित हैं स्वस्थ खुशहाल

'पुलुगा' है तो चौकसी में हैं चाँद-सूरज
कि उन्हें कोई कमी नहीं
आग और रोशनी की
वे कभी जला सकते हैं मशाल
और भून सकते हैं केंकड़े, मछलियाँ और सूअर

'पुलुगा' है तो यह अंदमान और उसके बच्चे
जीते हैं बेधड़क

उन्होंने कभी नहीं देखा 'पुलुगा'
और हर तरफ़ है वह शताब्दियों से

---

1. पुलुगा—अंदमान द्वीप समूह के आदिवासियों का ईश्वर।

एक प्रार्थना

हमें दे
ढेर सारी मछलियाँ
खाने भर केंकड़े
और सजने को शंख-सीपियाँ

हमें दे लहरों के फूल
अथाह-चपलता
और हथियार बनाने को धारदार पत्थर

हमें दे
निश्छल प्यार
असीम धीरज
और करने को युद्ध विनाशकारी क्रोध

जैसे देता रहा है हमारे पूर्वजों को
हमें दे
अपना आशीर्वाद, हे समुद्र!

उनके हिस्से की आग

दुनिया में उनकी
न पहुँचा घी-दूध
न गेहूँ चावल
और न उन्हा-लत्ता

दुनिया में उनकी
न पहुँची सड़कें
न रेलगाड़ी
और न बिजली

दुनिया में उनकी
न खुले विद्यालय
न अस्पताल
और न सरकारी दफ्तर

किन्तु घबराए नहीं वे
कि पेड़ों में ज़िन्दा है हरापन
और लकड़ियों में बची हुई है
उनके हिस्से की आग

कि भून सकते हैं वे
मछलियाँ, केंकड़े, सूअर
और जला सकते हैं कभी भी मशाल

ओंगी युवक से बातचीत करते हुए

होना चाहता हूँ थोड़ा सा पंछी
कि उड़ूँ अनन्त ऊँचाइयों में

होना चाहता हूँ थोड़ी सी हवा
कि बहूँ दुनिया के ओर-छोर

होना चाहता हूँ थोड़ा सा पेड़
कि पहुँचूँ मिट्‌टी की गन्ध तक

होना चाहता हूँ थोड़ा सा कछुआ
कि रेंगू अतल गहराइयों में

होना चाहता हूँ थोड़ा सा समुद्र
कि जाऊँ पृथ्वी के दूसरे तरफ़ भी

होना चाहता हूँ थोड़ा-थोड़ा कर इतना
कि दुनिया में आपकी पहुँचने के पूर्व

पहुँचूँ जीवन में थोड़ा, समझूँ जीवन को थोड़ा

बीस रोज़ से

जोहता है बाट पेड़ पर बैठा ओंगी पुत्र
कि पहुँचे कोई जहाज़
कि पहुँचे रसद
कि पहुँचे तम्बाखू
कि लौटे अशान्त समुद्र को चीरता
बीस दिन पहले गया पिता

समुद्र की उद्विग्न लहरों पर
नहीं दीखता फिर कोई मस्तूल
लौटकर डेरे पर आज भी ले जाएगा वह
सांत्वना भरे शब्द, ढाढ़स और उम्मीदें

सिर्फ़ पकते हुए शब्द हैं उसके पास अब
शब्द—जो भूख के ख़िलाफ़
शक्ति भर अपना होना प्रमाणित कर रहे हैं
बीस रोज़ से

अभी भी शेष है बहुत, और बहुत कुछ

द्वीपों में दूर-दूर छितरे हैं लोग-बाग
जिनके हिस्से में सुरक्षित है
वर्षा का संग्रहित जल

इस दृश्य से बाहर
न कुआँ
न नदी
और न मीठा झरना
और हज़ारों-हज़ार आदिवासी
संघर्षरत अँधेरे द्वीपवनों में

उनके लिए हैं नारियल फल और बेंत समूह
जिनमें सुरक्षित है
उनके हिस्से भर जलराशि

अभी भी शेष है बहुत, और बहुत कुछ

तानागिरू[1]

और दिनों से एकदम अलग है आज का दिन वहाँ

सुबह-सुबह निकलेगा पहली बार आज
उठाए तीर कमान अपने बलिष्ठ कन्धे पर
और प्रतीक्षा में होंगे सब-बच्चे, जवान, बूढ़े

झूम उठेगा समूचा गाँव
मार के लौटेगा जब नुकीले दाँतों वाला ख़तरनाक
सूअर
उसके जीवन का अद्भुत समय है
कि होगा आरूढ़ शिकार के सीने पर
निकालता रक्त, जमाएगा ख़ून के थक्के
और खाएगा आनन्द-विभोर हो पहले-पहल
(अपने शिकार को गर्व से खाने का पहला दिन है आज)

बीस दिनों तक रोज़ जाएगा जंगलों में अकेला
और मार लाएगा एक से एक ख़तरनाक सूअर वह
प्रतीक्षा में ओंगियों का गाँव
रोज़ देखेगा उसका भरपूर जवान होना
और संस्कारों से एकदम अलग है 'तानागिरू'
डुगांगक्रीक की सबसे बड़ी ख़बर है आज
कि अभी-अभी एक लड़का हुआ है जवान
और इस तरह एक और रक्षक ओंगियों का

1. तानागिरू—अंदमान की दुर्लभ जनजाति ओंगी का सबसे महत्त्वपूर्ण संस्कार समारोह है तानागिरू। यह ओंगी के जवान सिद्ध होने पर आयोजित किया जाता है।

प्रार्थना-भूमि में बसी पावन आत्मा की

बसती है इस भूमि में जो पावन आत्मा
आह्वान करते हैं इस पर्व में उसका
करने को प्रकट यह आभार
कि किया उसने हमारी फसलों को समृद्ध

भेंटते हैं उसके दिए फलों को श्रद्धानत 'कुसेअऊ'[1]
जो पवित्र प्रसाद है हमारे पर्व का

टाँग दें जब तुम्हारे आशीर्वाद से उत्पन्न फल
अपने घरों में
विराजो तुम इन पर और करो रक्षा कि पाएँ
अगले बरस स्वस्थ बीज हम

मिला है जैसा आशीष नारियल और सुपारी को
दो वैसा ही वरदान
कटहल, रतालू और केलों को
कि सम्पन्न हों समस्त परिवार
भूमि में बसनेवाली, हे पावन आत्मा
कृपा करो इसी तरह
कि उपस्थित हों तुम्हारी पूजा में
इन्हीं दिनों अगले बरस फिर

---

1. पके फलों से बना हलवा, जो बीज के लिए रखे जानेवाले फलों में लपेटा जाता है। (निकोबारी जनजाति प्रत्येक वर्ष दक्षिण-पश्चिम मानसून के समय भूमि की आत्मा को प्रसन्न करने के लिए इस पर्व का आयोजन करती है। उनका विश्वास है कि इस आत्मा की पूजा से स्वस्थ बीज प्राप्त होते हैं और फसलें समृद्ध होती हैं।)

'ग्रेट अंदमानी'[1] का व्यथा गीत

न घटा सूर्य का ताप
न ही शीतल रोशनी चन्द्रमा की
समुद्र का जल न हुआ कम
और न हरापन द्वीप वनस्पतियों का

तब हज़ारों की संख्या में जन्मनेवाले हम
घटते रहे लगातार क्यों?

कुल सत्ताइस हैं अब हम
अगर मिला कभी ईश्वर
पूछेंगे हम सवाल और
करेंगे भरपूर शिकायत
अगर है कहीं न्याय उसका शेष
तो मारे गए सिर्फ़ हम ही क्यों, इस पृथ्वी पर

हर मृत्यु यहाँ मारती है
थोड़ा-थोड़ा रोज़ और
छीजते हुए जीते हैं मृत्यु में हम
अगर मिला कभी ईश्वर
पूछेंगे हम सवाल

मारे गए सिर्फ़ हम ही क्यों, इस पृथ्वी पर

---

1. ग्रेट अंदमानी—अंदमान के स्ट्रेट द्वीप पर बसे हुए हैं ग्रेट अंदमानी। ये नेग्रिटोव्ह मूल की दुर्लभ जनजाति है। इनकी कुल संख्या 27 है। इनकी चिन्ता और व्यथा के केन्द्र में है इनकी घटती जनसंख्या। कोई भी मृत्यु इन्हें सालों तक बेचैन किए रहती है।

मृत पूर्वजों से प्रार्थना

भटके न चारों दिशाओं में तुम्हारी आत्मा
रहे अपूर्व शान्ति, मृत्यु के बाद भी
इसलिए इस एकान्त में है तुम्हारे लिए यह भूमिखंड
और वो तमाम वस्तुएँ, जो प्रिय थीं तुम्हें

सुबह होगी तो सूर्य से शक्ति पाओगे तुम
और रात्रि में चन्द्रमा की स्निग्ध किरणें
ये नारियल वन हैं तुम्हारे आस-पास
जिनसे फलों को तोड़कर चलाते रहे अपनी
जीविका
मृत्यु के पूर्व तुम और यह समुद्र
जिसमें पकड़ी मछलियाँ असंख्य बार तुमने
घूमते रहे तुम्हारे सूअर भी इसी वन में तुम्हारे संग

जब तक समाप्त न हो यह सृष्टि
विश्राम करो यहाँ
निर्माण न हो जब तक दूसरी सृष्टि का
करो चौकसी हमारे वनों की और
देते रहो मुक्ति रोगों से—हमारी फसलों को
बनाओ हमारे बच्चों को शक्तिवान
अन्न की तरह सुन्दर और स्वस्थ
किए जितने प्रशंसनीय कार्य तुमने जीवन पर्यन्त
मृत्यु के बाद भी करो वैसा

(यह कविता निकोबारी जनजाति की उस प्रार्थना पर आधारित है, जो मृत व्यक्तियों की स्मृति में हर वर्ष पढ़ी जाती है। निकोबारी मृतकों के लिए परम्परानुसार हमेशा से रात्रिभोज और समारोह करते आ रहे हैं।)

प्रार्थना करेंगे प्रभु से सदैव हम
भटके न चारों दिशाओं में तुम्हारी आत्मा
रहे अपूर्व शान्ति, मृत्यु के बाद भी

कि डरता रहा मृत्यु के भय से

न पहुँचा मैं, न मेरी कविता
कि डरता रहा मृत्यु के भय से

सोचता रहा बस
पहुँचूँ उन द्वीपों तक
क़ैद हैं जहाँ आदिवासी
अन्धकार की भयावह दुनिया में

चाहता तो पहुँच भी सकता था
और मरने के ठीक पहले
लिख सकता था कि सुरक्षित रहते
कम-से-कम कविता में
सेंटिलीज़, जारवा, शोम्पेन[1]

न पहुँचा मैं, न मेरी कविता
कि डरता रहा मृत्यु के भय से

1. अंदमान निकोबार की आदिम जनजातियाँ, जो आज भी पाषाण युग के मनुष्य की तरह रहती हैं। इनसे अभी तक सभ्य समाज का अन्तरंग सम्पर्क नहीं हो सका। ये जनजातियाँ धीरे-धीरे ख़त्म होती जा रही हैं।

डोंगी का गीत

दुख में हैं हम सब और कचोट मन में
कि पेड़ तुम्हें काटना पड़ा, करते हुए कोमल पत्तों को जुदा
काटी शाखाएँ भी, निकालकर मजबूत तना
छेदते रहे अस्त्रों से बीचों-बीच
जब टपक रहे थे हरे आँसू अनवरत पेड़ से
हमारे भीतर ललक थी डोंगी की

जूझते हुए खुद से बनाई हमने डोंगी
हो सकते थे जब औरों की तरह प्रसन्न
व्यथित थे सबके-सब, तब भी

चीरते हुए समुद्र का विराट सीना
करेंगे शिकार अब मछली और कछुओं का
भर उठेगी डोंगी खुशबू से
लौटेंगे शिकार लिए पहले-पहल जब
पहुँचेंगे बिना चूक उस कटे-बचे पेड़ तक
और भेंटेंगे शिकार का पहला हिस्सा, करेंगे क्षमायाचना
कि किया हमने जीवन नष्ट

रखेंगे सदैव ध्यान कि रखें डोंगी
बचे पेड़ के उसी कटे हिस्से के पास
कि वह महसूस कर सके
जुदा अंग का अपने पास होना

मक्खीपानी[1] का गीत

मर्जी से आपकी खिल उठे फूल, बहे हवा
दौड़ पड़ें वे सब ऐसा मुमकिन नहीं

और न ही यह सम्भव कि तुम्हारे इशारे पर
हम लपक पड़ें पेड़ों की तरफ बेसाख़्ता
धूप को कुछ और तेज़ होना है अभी
चन्द्रमा को चमकदार
फूलों में रंग चटके नहीं इतने कि
पराग बरस उठे भीतर से अपने-आप
खिलखिलाकर हँसेगी धूप जब कभी और
नृत्य करेगा चन्द्रमा तारों के बीच
वे उतरेंगी अपनी मनपसन्द डगाल पर

आना उसी दिन लौटकर जब गा चुकी हों वे सोहर की अन्तिम पंक्तियाँ
और इतना भरपूर हो उठे छत्ता कि
मगन हों वे सौंपते अपनी रचना

मर्जी से आपकी तोड़ नहीं सकते उसे हर कभी
अभी पूरी नहीं हुई उनकी कविता

कि मक्खीपानी का समय नहीं यह

---

1. शहद

एक माँ का होना

ज़रूरी नहीं कि यह कविता हो या ऐसा कुछ कि कविता की तरह लगे
ऐन मेरे सामने घटा
घटित को कोई हादसा भी ठीक-ठीक कहना ग़लत होगा
पर घटा कुछ ऐसा कि खरोंच गया आत्मा

उसी दिन जन्म और तत्काल मृत्यु
बड़ी तैयारियाँ थीं स्वागत की
बरसों-बरस बाद किसी बच्चे की किलकारी गूँजना थी
कबीला जो था जन्मोत्सव की तैयारी में
रोते-डीपते सौंप गया धरती को सौंपकर

धरती भी कदाचित् इस तरह तैयार न थी और
दुक्ख जो किसी माँ के चेहरे पर हो सकता था अधिक, वह था
उतार लिए गए वन्दनवार
नर्तक लौट चुके थे वापस
एक मैं जो पहुँचा चश्मदीद गवाह बनने
एक अबोध अकल्पित मृत्यु का दर्शक बना

वहाँ धरती बस इतनी थी कि घूमी जा सके दो-एक घंटे में
बेमक़सद घूमता रहा भारी होते मौसम में
रह-रहकर गूँजती थीं सिसकियाँ, देर सबेर आर्तनाद

रात गए एक छाया थी कि उभरती थी रह-रहकर
छाया के क़दम जाते वक़्त होते थे तेज़
लौटते पस्त और बेदम, मैं भयभीत और एकदम सन्न
जाने कैसी थी छाया कि छाया की छाया
इतनी उदास कि कल्पनातीत

हो लिया अगली दफ़ा छाया के पीछे
दबे पाँव इतनी दूर और कुछ इस तरह फ़ासले पर कि
कोई आहट न हो किसी के होने की

बेपरवाह दुनिया जहान से भागती थी उस तरफ
जिधर सोया था वह अचल अबोध
छाया से एक माँ का होना समझ आता था
मैं चेष्टा में देख सकूँ सत्य बचता-बचाता

अवाक् इतना कि ऐसा देखा न था
छाया सौंप रही थी आँचल का अटल रस कि
जिधर हो सकते थे अधर अचल अबोध के
वह रस जो उसके हिस्से का था उतर रहा था बिना रुके
वास्ते उसके जो लौट गया भूखा अपने रास्ते

एक माँ न सही पढ़ी-लिखी, न दुनियादार
सौंपती है अचल-अबोध को उसका हिस्सा
दौड़ती रहेगी रात-बिरात कि भूखा है वह, उसकी आत्मा भूखी

लौटेगा एक दिन वह कि इस तरह लौटा है
कोई कभी उसकी दुनिया से भूखा-प्यासा

---

1. यह कविता ग्रेट अंदमानी माँ के बारे में है।

खंड-3

कवि और लोककथाएँ

अन्तिम लोककथाएँ : एक पाठ

प्रेमचन्द ने कहा था—"पुराने जमाने में सभ्यता का अर्थ आत्मा की सभ्यता और आचार की सभ्यता होता था। वर्तमान युग में सभ्यता का अर्थ है स्वार्थ और आडम्बर।" आज की सभ्यता स्वार्थ और आडम्बर का उत्कृष्ट उदाहरण है। लेकिन कुछ दुर्लभ जनजातियों के साहित्य में, सभ्यता की कलात्मक और मिथकीय अभिव्यक्ति का परिष्कृत, रचनात्मक और आदिम स्वरूप अब भी सुरक्षित है। इसमें हमें भीतरी वैचारिक समृद्धि और तत्कालीन आस्था-अनास्था, विश्वास-अविश्वास और पुरातन परम्पराओं का अक्षुण्ण रूप सुरक्षित मिलता है। मूल समस्या इन आदिम जनजातियों के वैज्ञानिक अध्ययन की है। इन्हें केवल पिछड़े जनजातियों के रूप में परिभाषित करने का आज एक फैशन-सा चल पड़ा है, जो अन्याय है। आवश्यकता है उस समाज की समूची जीवन पद्धति, संघर्ष, बौद्धिक और नैतिक विकास, आस्था-विश्वास, सामाजिक विकास, नियम-आदर्श और आचार-विचार को गहराई से पढ़ने और उसकी अर्थवत्ता को मापने की ताकि ऐतिहासिक विकास-क्रम में उनके नए-नए क्षितिज खुल सकें। यह बात व्यक्ति अथवा व्यक्तियों से बहुत बड़ी और अधिक महत्त्वपूर्ण है।

लोक साहित्य में युग-युगों के मूल्य, अतीत की दृष्टि और जीवन चित्र संचित होते हैं। जनजातियों के साहित्य में वर्णित अनुष्ठान, संस्कार, मिथक और टोटेमिक रीति-रिवाज के आलोक में सभ्य समाज भी आदिवासियों को आसानी से पिछड़ा, असभ्य, अज्ञानी, आदिम आदि कहकर छुट्टी पा लेता है। यह अधकचरी सुविधा-भोगी दृष्टि है। आदिवासी साहित्य और संस्कृति को समग्रता में समझने के लिए जरूरी है कि उसकी समूची परम्परा, मूल्य, विश्वास, रीति-रिवाज, संस्कार, भौगोलिक परिवेश, मिथक और उनके अन्तर्सम्बन्धों का मानवीय और वैज्ञानिक दृष्टिकोण से अध्ययन-विश्लेषण किया जाए। इसलिए हमें अपने भीतर एक ऐसी दृष्टि का विकास करना होगा कि उनकी आदिम सौन्दर्य-दृष्टि, कलात्मक अभिव्यक्तियों, आनुष्ठानिक क्रियाओं और उनकी अतीत की जीवन दृष्टि को सही परिप्रेक्ष्य में समझा जा सके। अध्ययन-विश्लेषण के पूर्व एक और गम्भीर दायित्व है, आदिम जनजातियों के साहित्य के संग्रह-पुनर्लेखन का।

मैं जनवरी, 1988 में पोर्ट ब्लेयर पहुँचा। अंदमान-निकोबार की नेग्रिटोज और मंगोल मूल (मंगोलाइड) की दुर्लभतम जनजातियों के सन्दर्भ में मेरी रुचि जागृत हुई। सर्वप्रथम मैंने प्रकाशित सामग्री की खोज की। दुर्भाग्यपूर्ण स्थितियाँ सामने आईं। आज तक इनके बारे में हिन्दी में कोई विश्वसनीय सामग्री उपलब्ध नहीं है। जो थोड़ा-बहुत

प्रकाश में आया, वह केवल विवरणात्मक था। सर्वाधिक चिन्तित करनेवाला तथ्य यह था कि जो कुछ भी प्रकाशित हुआ, उसमें दृष्टि का अभाव है। यही स्थिति अंग्रेजी में प्रकाशित साहित्य की भी है। मानव वैज्ञानिकों ने जो कार्य किया है वह अकादमिक शोध मात्र है। लोकगीतों, लोककथाओं, संस्कारों और आदिम परम्पराओं पर काम नगण्य है। जबकि उनकी अक्षुण्ण संस्कृति की अधिकांश सामग्री इन्हीं में सन्निहित है। पोर्ट ब्लेयर पहुँचने के बाद मैंने इसी दिशा में कार्य करने का विचार बनाया। दो वर्षों में खोज-खोजकर निकोबारी, ओंगी, अंदमानी और शोम्पेन आदिवासियों के लोकगीतों, लोककथाओं, संस्कारों और परम्पराओं के बारे में जानकारी संग्रहित करना शुरू किया। लोककथाओं में मेरे सहकर्मी मित्र जे.एस. राज पहले से काम कर रहे थे। उनसे लगातार विचार-विमर्श हुआ। लोककथाएँ कहीं-कहीं बीज रूप में और एक हद तक बिखरी हुई मिली। उनकी आदिम संवेदना, कथातत्त्व और मिथकीय सन्दर्भ टुकड़ों में विभक्त थे। फलस्वरूप उनको व्यवस्थित करने की नैतिक जिम्मेदारी और चुनौती सामने आ खड़ी हुई। यहाँ से खोजबीन का अगला सिलसिला आरम्भ हुआ। यात्राओं पर निकला और लोक संस्कृति विषयक कई तथ्य ज्ञात हुए। आकाशवाणी पोर्ट ब्लेयर से रजत जयन्ती वर्ष पर इन आदिवासियों पर केन्द्रित पुरानी डॉक्यूमेंटरीज, भेंटवार्ताएँ, यात्रा-वृत्तान्त, लोककथाएँ, लोकगीत, संस्कारों और रीति-रिवाजों पर कार्यक्रम प्रसारित हुए, इनसे भी लोककथाओं की पुनर्रचना में मदद मिली। भाषा बार-बार अवरोध बनकर उपस्थित होती रही। किन्तु आश्चर्यजनक और सुखद सत्य है कि निकोबारी, ओंगी, अंदमानी और शोम्पेन टूटी-फूटी हिन्दी बोल लेते हैं। कई बार दुभाषियों की सेवाएँ प्राप्त हुईं। खोजबीन के दौरान कई आदिम सन्दर्भ और अविश्वसनीय बातें सामने आईं। आदिवासी जगत में अकल्पनीय, आश्चर्यजनक और आदिम विश्वास-अविश्वास, आस्था-अनास्था, संस्कार-परम्पराएँ स्वाभाविक हैं। इसके साथ ही उनके जीवन व्यवहार में एक स्वस्थ वैज्ञानिक दृष्टि का भी पता चलता है, खासकर शिकार, वनोपज एकत्रित करने और पर्व-त्यौहारों में। विश्व से कटे और एकदम अलग-थलग इन आदिवासियों का अब भी आधुनिक जगत से गहन सम्पर्क नहीं हुआ है। इसी कारण उनकी संस्कृति भी आदिम स्वरूप में उपस्थित है। निकोबारी और अंदमानी आदिवासी अवश्य आधुनिक जगत के सम्पर्क में हैं, लेकिन उनकी लोककथाओं, लोकगीतों, लोकसंस्कारों और परम्पराओं को क्षति नहीं पहुँच सकी है। विशेषतः प्रकृति से उनके रागात्मक सम्बन्ध, सृष्टि निर्माण से सम्बन्धित उनकी धारणाएँ और प्रेत-दुष्टात्माओं के अस्तित्व के बारे में उनके विश्वास सहज रूप से ध्यान आकर्षित करते हैं। इन जनजातियों के विश्वास-अन्धविश्वास भारत के अन्य आदिवासी समुदायों से एकदम अलग हैं, जो उन्हें एकदम भिन्न रूप में स्थापित करते हैं।

नेग्रिटोव्ह मूल की अंदमान द्वीपसमूह में चार जनजातियाँ हैं यथा—ग्रेट अंदमानी, ओंगी, जारवा जथा सेंटिनली। ये आदिवासी समुदाय इन द्वीपों में कब और कैसे पहुँचे, मानव वैज्ञानिक इस सन्दर्भ में कोई ठोस मत अभी तक नहीं दे सके हैं। सर्वमान्य धारणा

है कि सम्भव है हज़ारों वर्ष पूर्व भारतीय प्रायद्वीप से अफ्रीका जुड़ा रहा हो और 'कान्टीनेन्टल ड्रीफ्ट' जैसे प्रमुख बड़े भौगोलिक परिवर्तन के कारण यह भू-भाग अफ्रीका से कटकर अभी की स्थिति में आ गया हो। अफ्रीका की नेग्रिटोव्ह या एशियन पिगमीज के नाम से जानी जानेवाली काली प्रजाति के आदिवासियों से अंदमान की इन दुर्लभ जनजातियों की समानता क़द, जीवनशैली और एक हद तक रंग-रूप में है। रंग-रूप में हल्का-सा परिवर्तन पाया गया है। अंदमान के ओंगियों की त्वचा अपेक्षाकृत अधिक कोमल है। ओंगी क़द में अफ्रीका पिगमीज अथवा नेग्रिटोव्ह से अपेक्षाकृत ऊँचे हैं। दैहिक और सांस्कृतिक विशेषताओं में इनका गहरा साम्य 'सिमांग' से पाया गया है जो मलाका प्रायद्वीप में बसते हैं। अन्य प्रमुख विशेषताएँ हैं कि ये अति प्राचीन समय से 'हंटिंग' और 'गैदरिंग' ट्राइब्स रही हैं। इनके संस्कारों, पर्वों, रीति-रिवाजों, आस्थाओं-अनास्थाओं को जानकर एक अछूती और बिल्कुल नई दुनिया का पता चलता है। इनकी कथाओं में जो मिथकीय अभिव्यक्तियाँ मिलती हैं, वे इनकी प्राचीनता, सृष्टि निर्माण के इनके पुरातन विश्वास और जीवन-शैली की प्रामाणिकता को उद्‌घाटित करती हैं। अंदमान की जनजातियों में ग्रेट-अंदमानी कथाओं में यह स्पष्ट हुआ है कि उनका ईश्वर 'पुलुगा' है, जो हवाओं पर अदृश्य सवार है और अमर है। उसी की कृपाओं से इस सृष्टि का निर्माण हुआ। अगर वह प्रसन्न होता है तो मंगल होता है और अगर अप्रसन्न हो उठे तो विपत्तियाँ आती हैं। 'पुलुगा' ने इस सृष्टि में प्रथम पुरुष के रूप में 'तोओ' को जन्माया। उसकी सहचरी के रूप में 'चान-आ-ए-लबादी' को उत्पन्न किया। इन दोनों से इनका वंश बढ़ा। पुलुगा ने अपने सेवकों 'लाची' और 'पुनगा-अ-ब्लोला' को तोओ के पास भेजा, जिन्होंने उसे शिकार, वनोपज और अन्य ज़रूरी आवश्यकताओं की शिक्षा दी। अंदमानी जनजाति के प्रमुख सात समुदाय थे। कुछ किताबों में इनकी संख्या चौदह तक भी बताई गई है किन्तु सात का ही प्रमुख रूप से पता चलता है। जिसमें से प्रमुख हैं 'अका-बोआ', 'अका-कोरा', 'अका-जेरू' और 'अका-बी'। सभी समुदाय में अलग-अलग विश्वास और कथाएँ प्रचलित हैं। किन्तु कुछ तथ्य समान रूप से विद्यमान हैं, जैसे सूर्य, अग्नि, पृथ्वी, सूअर, प्रेतात्मा, समुद्र, नारियल, कछुआ, मछली, धनुष, तीर, लौहधातु आदि। सभी समुदाय में कथाएँ सुनाई जाती थी। आज इनकी संख्या सिर्फ़ 27 है और दो ही समुदाय बचे हैं। अंदमानियों में भोजन पकाने की विधियाँ एक-सी हैं जिसका मूल कारण इनका अलग समुदायों में अलग-अलग जगहों में रहना है। इस वजह से इनका आपसी संवाद टूटा रहा है। पिछली शताब्दी में इनकी संख्या लगभग 5000 थी। इनकी जनसंख्या अंग्रेज और क़ैदियों के सम्पर्क में आने से लगातार कम होती गई। अंग्रेजों ने इनका इस्तेमाल जारवा के विरुद्ध युद्ध में किया। जापानी सेना के द्वारा की गई बमबारी में भी लोग बड़ी संख्या में हताहत हुए। अंदमान की अन्य प्रमुख जनजाति है—ओंगी। इसमें कुछ अलग तथ्य मिले हैं। इसकी भाषा 'एटा' और 'सिमांग' से काफी मिलती-जुलती है। विश्वास है कि वे ईश्वर की सत्ता में विश्वास करते हैं किन्तु प्रकृति उनके लिए अधिक महत्त्वपूर्ण है। दुष्टात्माओं में उनका

गहरा विश्वास है। वे एक महाशक्ति 'टैया-बोग-लांको' के अस्तित्व में विश्वास रखते हैं। इसका ज़िक्र लोककथा में भी आया है। उनके अनुसार 'तोमाले' नामक एक शैतान है जो समुद्र और हवा में वास करता है। अधिकांश विपत्तियाँ इसी की वजह से आती हैं। हालाँकि अब मानव वैज्ञानिकों के कुछ और मत भी प्राप्त हुए हैं। मानव वैज्ञानिक डॉ. अशोक कुमार पांडे के अनुसार वे पेड़ों में अधिक विश्वास करते हैं, उसी में अधिकांश शक्तियों को देखते हैं। ओंगियों में स्वस्थ वैज्ञानिक दृष्टि का पता चलता है। इन्हें जड़ी-बूटियों और मिट्टी के गुणों का अद्भुत ज्ञान है। प्राकृतिक चिकित्सा का भी उन्हें ज्ञान है। ज्वर, शरीर दर्द आदि होने पर वे विशेष क़िस्म की मिट्टी का शरीर पर लेप करते हैं। मिट्टी-लेप वे मच्छर तथा सैंड-फ्लाइज से सुरक्षा के लिए भी करते हैं और सौन्दर्य प्रसाधन के रूप में भी। डोंगी निर्माण के लिए वे विशेष 'ड्रिड' नामक पेड़ की लकड़ी का इस्तेमाल करते हैं जो अधिक सुरक्षित है। डोंगी के समानान्तर एक बैलेन्सिंग ऑर्गन लगाते हैं जिसे वे 'बेरोगे' कहते हैं। इससे नाव समुद्र में डूबने से बची रहती है। शहद तोड़ने के लिए यह एक ख़ास तरह की पत्ती चबाकर उसे शरीर पर रगड़ लेते हैं। जिससे मधुमक्खियों के हमलों से सुरक्षित रहते हैं। मृतकों को उसी झोंपड़ी में दफनाने की इनके यहाँ परम्परा है। सामान्यतः मृतक को वहीं दफनाया जाता है जहाँ वह जीवन भर सोता रहा है। उसकी खाट के पाँवों को भी लगभग दो इंच ज़मीन में नीचे धँसा दिया जाता है। शिकार (मांस) पकाने के लिए वे सदियों से तन्दूर विधि का इस्तेमाल करते आ रहे हैं। वे पहले रेत में एक गड्ढ़ा बनाते हैं। नीचे की तरफ लकड़ी जलाते हैं, उस पर साफ़ पत्थर बिछाते हैं और ऊपर मांस रखकर पत्तों से ढक देते हैं। नीचे से उठ रही धीमी आँच में फिर मांस पकता रहता है। यह तरीक़ा आधुनिक 'लो-टेम्प्रेचर तन्दूर' की तरह है। ओंगियों की कुछ एकदम अलग परम्पराएँ हैं जो इन्हें अंदमानी और जारवा से अलग करती है। ऐसा ही एक प्रमुख संस्कार है तानागिरू। इसमें जवान सिद्ध होने के लिए ओंगी युवक को जंगलों में अकेले जाकर 20 खतरनाक सूअर मारकर लाना होता है। सूअर लाने के बाद वह उसके सीने में आरूढ़ हो, उसको बीच से काटकर रक्त निकालता है और उसे इकट्ठा कर पीता है। बाद में शिकार को गाँव के लोग आपस में मिल-बाँटकर खा लेते हैं। 20 सूअर मार लेने पर उसे जवान घोषित कर दिया जाता है। यह ओंगियों का सबसे बड़े पर्व है। इनमें आग सहेजने की प्रवृत्ति है। सदियों से ओंगी आग सहेजते हुए चले आ रहे हैं। ओंगियों में भी समुद्र, सूर्य, कछुआ, जंगल, सूअर, नारियल, शहद आदि को लेकर अलग विश्वास और कथाएँ हैं। वास्तव में, अपने नजदीकी सरोकारों से ही इनके विश्वास-अन्धविश्वास बने हैं। यही विषय बार-बार इनकी लोककथाओं में भी आते हैं। जारवा और सेंटिनली खूंखार जनजातियाँ हैं और सम्पर्क में लगभग नहीं हैं अर्थात् इतना सम्पर्क नहीं है कि उनकी लोककथाएँ एकत्रित की जा सकें। इनकी एक भी लोककथा प्रकाश में नहीं आ रही है।

निकोबारी द्वीप समूह में मंगोलवंश की दो प्रमुख जनजातियाँ हैं—निकोबारी और शोम्पेन। शोम्पेन ग्रेट निकोबार में है किन्तु निकोबारी कई द्वीपों में सदियों से विद्यमान

हैं। जैसे कार-निकोबार, कोंडूल, ग्रेट निकोबार का पश्चिमी तट, चावरा, कचाल, नानकौरी, बम्पुका, लिटिल निकोबार, पुलो-मिलो आदि। इसमें कुछ द्वीप मुख्य समुद्री व्यापारिक रास्ते पर हैं इसी वजह से इनका व्यापारिक जहाजों के माध्यम से बाहरी लोगों से सम्पर्क स्थापित हुआ। फलस्वरूप यह जनजाति विकसित भी अपेक्षाकृत अधिक हुई। ईसाई मिशनरियों का प्रभाव भी कुछ द्वीपों में बढ़ा लेकिन दुर्गम द्वीप बाहरी प्रभाव से मुक्त रहे। यहाँ तक कि सर्वाधिक विकसित द्वीप कार-निकोबार में ईसाई धर्म स्वीकार कर लेने के बावजूद निकोबारियों की आदिम रूढ़ियों, आस्थाओं और अन्धविश्वासों में 20वीं सदी के पूर्वार्द्ध तक कोई बड़ा परिवर्तन नहीं आ सका। ओझा-गुनियों का काफी प्रभाव रहा। चावरा आज भी प्रेतग्रस्त हैं। वे अपनी किसी भी विपत्ति और बीमारी के लिए ओझाओं पर गहरी आस्था रखते हैं। ओझा-गुनियों को समाज में उच्च स्थान प्राप्त है। दुर्गम द्वीपों की सभ्यता अभी भी आधुनिकता की चपेट से मुक्त है। निकोबारी अब भी प्राचीन रीति-रिवाजों को मानते हैं। इसी जनजाति की सर्वाधिक लोककथाएँ और लोकगीत उपलब्ध हैं। इनकी लोककथाओं में भी दुष्टात्मा, पाप-पुण्य, पुनर्जन्म, पूर्वज, सूर्य, चन्द्रमा, नारियल, सुपारी, पांडुनस, सूअर, केवड़ी और प्रेमी युगलों का बार-बार ज़िक्र आता है। प्रकृति का उल्लेख जगह-जगह मिलता है। उल्लेखनीय यह है कि इनकी कथाओं में संवेदना, वस्तु-संसार और फेंटेसी का आदिम स्वरूप उपस्थित है। अर्थात् लोक साहित्य में भौतिक दुनिया की छायाएँ नहीं पहुँच सकी हैं। मंगोलवंश की दूसरी दुर्लभ जनजाति—शोम्पेन जो जनसम्पर्क से कटी है। अतः उनकी दो-तीन लोककथाओं का ही पता चल सका है। शोम्पेन आदिवासियों की सांस्कृतिक धरोहर के बारे में भी प्रामाणिक जानकारी उपलब्ध नहीं हो सकी है। इसलिए सिर्फ़ एक कथा ही है जो 'साइलेंड बार्टर सिस्टम' पर केन्द्रित है और प्रामाणिक भी। इन लोककथाओं के आलोक में एक अछूती दुनिया सामने आई है। इसके पूर्व अंदमान-निकोबार की लोककथाओं को लेकर कोई सुचिन्तित प्रयास नहीं हुआ।

लोककथाएँ अविनाशी हैं। समय के साथ वे बदल तो सकती हैं किन्तु समाप्त नहीं होतीं। यहाँ की कथाओं में सम्बद्ध समाज के संघर्ष, शक्ति, आस-विश्वास और दिशा निर्देशक तत्त्व समाहित हैं। सम्भवतः इसी वजह से लोककथाएँ अपने-अपने समुदाय में ऐक्य स्थापित करने की दिशा में सफल होती आई हैं। साथ ही इन्होंने एक स्पष्ट संस्कृतिकरण किया है। अंदमान-निकोबार की लोककथाओं में यह ज़्यादा पारदर्शी हैं। इन कथाओं में वर्णित तथ्यों का अध्ययन साहित्य, इतिहास तथा मनोविज्ञान की दृष्टि से जब कभी होगा, इन दुर्लभ आदिवासी समुदाय के बहुआयामी, जटिल और संघर्षपूर्ण जीवन के बारे में कई स्थापनाएँ सामने आएँगी। आदि मानवों को समझने की एक नई दृष्टि विकसित होगी। यह उल्लेख करना समीचीन होगा कि अंदमान-निकोबार की इन दुर्लभतम् जनजातियों का अस्तित्व इस रूप में विश्व में और कहीं उपस्थित नहीं है। विश्व की ऐसी जनजातियाँ अब इतिहास में तब्दील को गई हैं। अतः भारतीय मानव वैज्ञानिकों के लिए यह चुनौती भी है और अवसर भी। प्रस्तुत 26 लोककथाएँ पढ़ें और गुनें।

1
वह अब भी रास्ता देख रही है

दक्षिणी अंदमान में एक छोटा-सुन्दर द्वीप है हैवलाक। यह पोर्टब्लेयर के पूर्वोत्तर में लगभग बीस मील की दूरी पर समुद्र में स्थित है। इसे परी टापू के नाम से जाना जाता है। इस द्वीप की एक प्राचीन लोककथा है। पूर्वजों से इस परी टापू के सम्बन्ध में एक रोमांचक कथा विरासत में प्राप्त हुई है। कहा जाता है कि यह परियों का देश था। इस द्वीप में अभी भी एक सुन्दर सरोवर है। आकाश से हर रात्रि सुन्दर परियाँ उतरकर इसमें स्नान किया करती थीं। प्राचीन काल में यह द्वीप निर्जन था। सिर्फ़ परियाँ यहाँ रोज़ आया करती थीं। परियों की एक राजकुमारी थी। वह सुन्दर, सुशील व अत्यन्त दयालु थी। उससे किसी का दुख नहीं देखा जाता था। राजकुमारी में एक और विशेषता थी, जो अन्य परियों में नहीं थी। वह इतनी सुन्दर थी कि जहाँ से गुज़रती वहाँ का वातावरण प्रकाशवान हो उठता था। पृथ्वी पर उसे किसी की नज़र न लग जाए, इस कारण उसके माता-पिता उसे दिन में निकलने की अनुमति नहीं देते थे। प्रायः वह अँधेरे कमरे में बन्द रहती थी। अपनी सखियों के साथ वह हर रात्रि हैवलाक द्वीप में स्नान के लिए उतरा करती थी। जब वह नहाने पहुँचती तो समूचा वातावरण प्रकाश से जगमगा उठता। सूर्य निकलने के पूर्व वह स्नान कर अपने देश लौट जाती। यह रोज़ का क्रम था। राजकुमारी को इस यात्रा से जहाँ एकान्त और उदासी से मुक्ति मिलती, वहीं प्रसन्नता का अनुभव होता।

एक समय की बात है, समुद्र में भयावह तूफान उठा। भय के कारण राजकुमारी की सखियों ने द्वीप में उतरने से मना कर दिया। राजकुमारी अत्यन्त विचलित हुई। उसका मन बार-बार द्वीप पर जाने के लिए मचलने लगा। उसने अकेले जाने का प्रण किया। चारों तरफ अँधेरा था। समुद्र की गर्जना वातावरण को और अधिक रहस्यपूर्ण बना रही थी। राजकुमारी चुपचाप द्वीप में सरोवर के पास उतरी। उसके प्रकाश से द्वीप आलोकित हो उठा। नहाने के पूर्व वह अपने पंख निकालकर सीढ़ियों पर रख दिया करती थी और स्नान के उपरान्त पुनः स्थान पर जोड़ लेती थी। पंख उतारने के बाद जैसे ही वह सरोवर के समीप पहुँची, उसने देखा कि एक सुन्दर युवक बेहोश पड़ा हुआ है। जीवन में इतने सुन्दर युवक को देखने का, उसका यह पहला अवसर था। उसके

भीतर एक रोमांच हुआ। वह घबराई। उसके मन में विचार जागा कि क्यों न नहाकर चुपचाप लौट जाए। जैसे ही वह नहाने के लिए जाने को उद्यत हुई, उसने युवक के चेहरे पर तनाव और दुख की रेखाएँ देखीं। उसका मन पिघल उठा। दया के वशीभूत वह तालाब से अंजुरी में जल भर लाई। घुटनों के बल बैठकर उसने युवक के चेहरे पर छींटे मारे। युवक को चेतना आई। निर्जन द्वीप में सुन्दर युवती को देख वह स्तब्ध रह गया। परी ने पूछा—"तुम कौन हो और यहाँ कैसे आए? यह द्वीप हमारा है और मैं यहाँ की राजकुमारी हूँ।"

युवक कुछ देर बाद संयत हुआ। उसने कहा,—"मैं पूर्वी देश का राजकुमार हूँ। अपने जहाज से भ्रमण पर निकला था कि तूफान ने आ घेरा। जहाज समुद्र में डूब गया। प्राण बचाने के लिए मैं समुद्र में कूद पड़ा। यहाँ किस तरह पहुँचा मुझे ज्ञात नहीं।"

राजकुमारी उसकी बात सुनकर करुणा से भर उठी। राजकुमारी की सुन्दरता और व्यक्तित्व ने उसका मन मोह लिया। उसकी बाँहें बलिष्ठ थीं, शरीर सुगठित और आँखें आकर्षक। राजकुमार की आँखों में प्यार की चमक दीख रही थी। दोनों के बीच मौन था किन्तु शब्दातीत अनुभूति में दोनों डूबे हुए थे। जाने कब तक दोनों एक दूसरे को निहारते रहे। एकाएक राजकुमारी को लौटने का ध्यान हो आया। अपने नियमों से बँधे होने की विवशता पर उसे खीझ आई।

स्वयं को संयत कर उसने कहा—"हे राजकुमार! अब मेरे लौटने की घड़ी हो गई। मैं तुम्हें सुरक्षित जगह लिए चलती हूँ। जबतक यह तूफान नहीं थमता और तुम्हारे लौटने की व्यवस्था नहीं होती, तुम वहाँ विश्राम करो। मैं रोज़ तुमसे मिलने आऊँगी। जब अर्धरात्रि समाप्त हो, और भोर की अगवानी करनेवाला वह तारा दिखाई दे तब तुम इसी सरोवर पर चले आना। यहीं भेंट होगी कल से।"

राजकुमार व्यथित हुआ। उसने राजकुमारी से प्रार्थना की, कि उसे अकेला न छोड़े किन्तु वह विवश थी। राजकुमारी अपने देश लौट गई। राजकुमार की स्मृतियाँ उसे घेरने लगीं। किसी पुरुष से हुए प्रथम मिलन के आकर्षण ने उसे मोहपाश में जकड़ लिया। तदुपरान्त वह अकेले ही सरोवर पर स्नान के लिए जाने लगी। उसकी सखियों ने पुनः साथ आना चाहा, परन्तु राजकुमारी ने इन्कार कर दिया। जैसे ही भोर की अगवानी का संकेत देनेवाला तारा आकाश में उदित होता, वह नीचे उतर आती। रोज़ की मुलाक़ातों ने उनके भीतर कब प्रेम का अंकुर जन्मा दिया, उन्हें पता ही न चला। घंटों वे दोनों प्रेमालाप में डूबे रहते और भोर का पौधा लहराने लगा।

राजकुमारी जब रोज़ की तरह, एक बार राजकुमार से मिलने सरोवर पर पहुँची तो उसे चिन्तामग्न पाया। कारण पूछने पर मालूम हुआ कि वह अपने परिवार और राज्य के लिए चिन्तित था। वह राजकुमारी को छोड़ना नहीं चाहता था। इस दुविधा में वह निर्णय नहीं ले पा रहा था अपने भविष्य के सम्बन्ध में। कुछ दिनों के बाद उसने परी से कहा कि उसका घर लौटना बेहद आवश्यक है। अकेला पुत्र होने की वजह से उसके परिवार और राज्य के लोग चिन्तित होंगे। राजकुमारी इसके लिए कदापि तैयार न थी।

तूफान थमा नहीं था और किसी नौका की व्यवस्था कर भी ली जाती तो उसके डूबने की पूरी सम्भावना थी। राजकुमार के बार-बार आग्रह करने पर भी वह नहीं मानी। अन्ततः राजकुमार ने झिझकते हुए कहा—"राजकुमारी, इन स्थितियों में अब एक ही रास्ता शेष है किन्तु मैं उलझन में हूँ कि कहूँ या न कहूँ?" मोह में बँधी राजकुमारी ने कहा—"ऐसी कौन-सी बात है जो तुम अब नहीं कर सकते?" हम इन स्थितियों से ऊपर चले आए हैं। अब सिर्फ़ प्रेम है और जीवन भर साथ-साथ चलते रहने का संकल्प। तुम कहो तो सही। अब राजकुमार की आँखों में एक चमक थी। उसने आग्रह किया, "हे राजकुमारी, कुछ समय के लिए मुझे अपने पंख दे दो। मैं अपने माता-पिता के पास पहुँचकर अपने प्रेम के बारे में उन्हें बताऊँगा। शादी के लिए उनसे अनुमति लेकर तुम्हें लेने तुरन्त आऊँगा। साथ में मेरा जहाज होगा और तुम्हारी अगवानी के लिए मेरे परिवार और राज्य के लोग। कितना अद्भुत होगा वह दृश्य, जब मैं तुम्हें रानी बनाकर अपने देश ले जाऊँगा।"

परी की आँखों में भविष्य का रंगीन सपना तैरने लगा। उसने राजकुमार की बात मान ली। उसे अपने प्रेम पर अटूट विश्वास था। राजकुमार को अपने पंख सौंपने के पूर्व उसने कहा, "प्रिय राजकुमार, हम लोग प्रेम में अविश्वास करना नहीं जानते। पंख देने के बाद मैं अपने देश कभी न लौट सकूँगी। साथ ही तुम्हारे इस द्वीप को छोड़ते ही यह द्वीप सघन अन्धकार में डूब जाएगा। अगर मेरे माता-पिता चाहें भी तो मुझे स्वीकार न कर सकेंगे क्योंकि पंख ही हमारी पहचान हैं। अतः इस प्रेम की परीक्षा में मैं तो अपना सर्वस्व न्यौछावर कर रही हूँ। अब तुम्हें निभाना है।"

राजकुमारी की आँखों में बिछोह के आँसू झर रहे थे। राजकुमार चुप था। वह टकटकी लगाए परी को निहार रहा था। कुछ समय बाद उसने पंख लगाए और प्रसन्न हो उठा। यह उसके जीवन का इस तरह का पहला अनुभव था। राजकुमारी भी खुश हुई, उसने राजकुमार को उड़ने के नियम बताए। बातचीत समाप्त होते ही वह उड़ गया।

राजकुमारी उसकी प्रतीक्षा करती रही। वह कभी न लौटा।

हैवलाक द्वीप में अब भी सरोवर है। प्रभात बेला में लोगों को वहाँ गीले पदचिन्ह् दिखाई पड़ते हैं। रात को किसी की करुण सिसकियाँ भी सुनाई देती हैं। लोगों का कहना है सदियाँ बीत गईं किन्तु राजकुमारी अब भी राजकुमार के लौटने की प्रतीक्षा कर रही है।

(सभ्य संसार के लोग विश्वास के योग्य नहीं। वे सिर्फ़ छल-कपट जानते हैं। उनकी मीठी-मीठी बातों से बचना चाहिए। एक युग बीतने के बाद भी यह अंदमानी कथा, अंदमानी अपने बच्चों को सुनाते चले आ रहे हैं।)

2
माइया डिक ने खोज की कोनमो की

कोनमो या जमीकन्द, जिसे रतालू या पांडुनस कहा जाता है, उसके जन्म के बारे में उत्तरी अंदमान में कई लोककथाएँ प्रचलित हैं। उत्तरी अंदमान में सदियों पूर्व नेग्रिटोव्ह मूल की दुर्लभ जनजाति अंदमानी रहती थी। अंदमान के आदिवासियों की एक मात्र प्रतिदिन उपभोग की वस्तु है जंगली जमीकन्द। इसे जंगली आलू भी कहा जाता है। जमीकन्द की खोज और जंगलों में उसका विकास कैसे हुआ, उसकी एक रोमांचक कथा है।

माइया डिक—एक अंदमानी, जब भूख से व्याकुल था तब उसने शिकार के लिए जंगल में जाने का निश्चय किया। उसने सोचा कि सूअर मारकर लाया जाए। उसके पास तीरों की कमी थी, फिर भी भूख से व्यथित माइया डिक जंगल की तरफ धनुष-तीर उठाए निकल पड़ा। वह घने जंगल में दिन-भर भटकता रहा। उसे शिकार दिखाई नहीं दिया। उसका शरीर जवाब देने लगा। अंतड़ियाँ भूख से ऐंठने लगीं। उसकी उम्मीद जाती रही। उसमें इतनी शक्ति भी न रही कि घर लौट सके। वह थककर एक चट्टान पर लेट गया। वह किसी तरह थोड़ा विश्राम कर शक्ति संचय करना चाहता था। वह अभी लेटा ही था कि उसे एक भागता हुआ सूअर दिखाई दिया। जाने कहाँ से उसमें शक्ति भर आई। वह धनुष-तीर उठाए सूअर के शिकार के लिए भागा। सूअर तब तक नज़र से ओझल हो चुका था। वह सूअर की तलाश में इधर-उधर भागने लगा। काफी दूर एक झाड़ी में उसे सूअर की उपस्थिति का आभास हुआ। वो दबे पाँव उसी तरफ बढ़ने लगा। उसका अन्दाज़ सही था। सूअर को जैसे ही किसी के होने की भनक मिली, वह भागा। माइया डिक ने त्वरित गति से धनुष पर तीर चढ़ाया और भागते सूअर पर निशाना बाँधकर तीर छोड़ दिया। किन्तु तीर निशाने पर नहीं बैठा। एक-एक कर उसने चारों तीर धनुष पर चढ़ाए और दुर्भाग्यवश चारों बेकार गए। वह खीझ उठा। शिकार हाथ से निकल गया। वह दुखी हो उठा। अब कोई गुंजाइश न थी भूख से संघर्ष की। वह निढ़ाल सा पेड़ के नीचे जा पड़ा। आँखें फिर भी आस-पास कुछ खोज रही थीं। भूख ने उसकी शारीरिक शक्ति को क्षीण कर दिया था। एकाएक उसकी नज़र अपने तीर पर पड़ी जो एक पेड़ के एकदम निचले हिस्से में बेल में धँसा हुआ था। उसे कुछ राहत मिली।

माइया डिक उठा। उसने अपने तीर को निकालना चाहा। वह गहरे तक धँसा था। तीर का फाल ज़मीन में भी घुसा हुआ था। तीर निकालने की प्रक्रिया में बेल भी उखड़ने लगी। माइका डिक में खीझ तो थी ही, उसने गुस्से में बेल उखाड़ना शुरू किया। शिकार की असफलता के क्रोध में उसने बेल को उखाड़ने का निश्चय किया। वह जुट गया। उसने तीर से खोदते हुए जड़ के आखिरी सिरे तक पहुँचने का निश्चय किया। वह ज़मीन खोदता जा रहा था। कुछ देर बाद उसके आश्चर्य का ठिकाना न रहा। धरती में एक बड़ा सा जमीकन्द मिला। उसे निकालकर माइया डिक सोचने लगा, क्यों न इसे ही खाकर भूख शान्त की जाए। तुरन्त फिर आग जलाकर वह जमीकन्द भूनने लगा। जब जमीकन्द भुन गया तो गरम-गरम ही वह उसे मानो निगलने लगा। जीभ जल रही थी, लेकिन उसने इसकी ज़्यादा चिन्ता नहीं की। वह जीभ की जलन को भूलकर पेट की भूख मिटाने को उत्सुक था। काफी देर तक वह खाता ही रहा। जमीकन्द का स्वाद अद्भुत था। उसे जीवन में पहली बार एक नई खाद्य वस्तु खाने को मिली थी। वह प्रसन्न था। उसकी खीझ और क्रोध गायब हो गए थे। अब वह अपनी प्रसन्नता में जैसे हवा में तैरने लगा। प्रसन्नता इतनी अधिक थी मानो स्वर्गिक ख़जाना हाथ लगा हो। बचे हुए जमीकन्द को उत्साह के आवेग में उसने चट्टान पर दे मारा। जमीकन्द कई टुकड़ों में विभक्त हो आस-पास फैल गया। बाद में उन्हीं टुकड़ों से जमीकन्द का विकास हुआ।

अंदमानियों में अभी भी यह बात कही जाती है कि उनकी प्रिय खाद्य वस्तु जमीकन्द को ढूँढ़ने और उसको धरती पर फैलाने का श्रेय माइया डिक को है। अपने इस पूर्वज की इस देन के लिए वे आज भी कृतज्ञता ज्ञापित करते हैं।

3

आदि मानवों का पहला भला काम

सृष्टि के आरम्भ में पुलुगा ने अपनी शक्ति से पृथ्वी, समुद्र, सूर्य, चन्द्रमा, तारागण, पशु-पक्षियों और प्रथम पुरुष तोमो और प्रथम स्त्री ता-मीता का निर्माण किया। तोमो व ता-मीता का जन्म अंदमानियों के पुकिकवार समुदाय में हुआ। पुलुगा ने इन दोनों को अपना वंश बढ़ाने और प्रकृति की रक्षा और भलाई करने की शिक्षा दी।

तोमो और ता-मीता अपनी बुद्धि भर कार्य करते। उन्होंने क्वालान्डा (झोपड़ी) बनाई और समुद्र के किनारे जीवन व्यतीत करने लगे। पति-पत्नी का अर्थ वे नहीं समझते थे। परन्तु पति-पत्नी की ही तरह वे आत्मीयता से रहते और एक-दूसरे को प्रेम करते। सुबह-सुबह जंगलों में निकल जाते और पुलुगा की चमत्कारपूर्ण रचना को देखते-समझते। जंगल में घूमते हुए उन्हें अद्‌भुत प्राणियों का एक झुंड दिखा। वे स्थिर से लगे। किसी डरवश वे एक-दूसरे से सटकर खड़े हुए थे। एक के शरीर में हल्का सा कम्पन होने पर सभी वैसा ही करने की चेष्टा करते। तोमो और ता-मीता ने एक-दूसरे पर प्रश्नवाचक निगाह डाली। उन्हें इन प्राणियों के बारे में कुछ समझ न आ रहा था। बड़ी देर तक इसी मुद्रा में रहने के बाद ता-मीता बोली—

“ये कैसे प्राणी हैं? इनमें एक अनोखी बात है। हमारी तरह न इनकी आँखें हैं, न कान और न ही नाक।”

“अर्थात् ये न देख सकते हैं, न सूँघ सकते हैं और न ही सुन सकते हैं। यह तो बड़ा अन्याय है। पर एक बात अच्छी है कि पुलुगा ने इन्हें मुँह दिया है ताकि भोजन कर सकें।” तोमो बोला। उसकी बात सुनकर ता-मीता ने अपना सर स्वीकृति में हिलाया, बाद में सोच-विचार कर उसने आगे कहा—

“पुलुगा ने मुँह तो अवश्य दिया। किसी शाप की वजह से अन्य शक्तियाँ नहीं दी, हमें कुछ करना चाहिए।” दोनों वहीं एक पत्थर पर बैठकर विचारमग्न हो गए। तभी ता-मीता के हाथ में टोबर की एक मजबूत लकड़ी आ गई। दरअसल आँख बन्द कर वह अपनी हथेली उस चट्टान के इधर-उधर घुमाती जा रही थी। लकड़ी वहीं चट्टान के पास थी जिसका सिरा उसके हाथ में आ गया। उसने उस लकड़ी का स्पर्श पाते ही आँखें खोलीं। और उसे देखने लगी। वह नुकीली और मजबूत थी। सहसा उसे एक

बात कौंधी, क्यों न इस लकड़ी से इन प्राणियों की आँख, नाक और कान बनाए जाएँ, उसने यह विचार तोमो को बताया। तोमो को इसमें कोई आपत्ति न दिखी।

तोमो एक-एक पशु पकड़कर लाता और ता-मीता एक कलाकार की भाँति आँख, नाक तथा कान की निश्चित जगह पर दो-दो छेद बना देती। यह क्रम तब तक चलता रहा, जब तक कि सभी पशुओं में ता-मीता ने छेद नहीं बना दिए। उनके आश्चर्य का ठिकाना न रहा। सभी पशुओं में छेद पूरा होते ही देखने, सूँघने और सुनने की शक्ति आ गई। उन्होंने अपने सामने दो आदिमानवों को देखा और जंगलों में अलग-अलग दिशाओं में भागने लगे। तोमो और ता-मीता ने किसी एक सूअर को पकड़कर अपनी रचना को देखना चाहा लेकिन वे रुके नहीं। ये पशु सूअर थे। अंदमान के जंगलों में सिर्फ़ यही एक पशु है, जो बहुतायत में पाया जाता है। अंदमानी आदिवासियों का यह प्रिय पशु है, जिसका वे भोजन में उपयोग करते हैं।

अंदमान के पुकिकवार समुदाय के लोग सूअरों में इस परिवर्तन की चर्चा करते समय तोमो और ता-मीता की बुद्धि और उस कार्य की प्रशंसा अब भी करते हैं। उनका दृढ़ विश्वास है कि अगर तोमो और ता-मीता के मन में यह विचार न आता तो सूअरों में कदाचित अभी भी देखने, सुनने और सूँघने की शक्ति न होती। उनका जीवन मृत पशुओं की तरह निरर्थक होता और वे बहुत पहले समाप्त हो जाते।

4
शहद की खोज

बिलीकू नाम की एक स्त्री थी। उसका एक पुत्र था जिसका नाम परजीदो था। बिलीकू घर का काम-काज निपटाती और परजीदो शिकार पर जाया करता था। वह एक दिन समुद्र के किनारे—मेंग्रोव्ह की झाड़ियों के पास उथले पानी में मछली का शिकार कर रहा था। वहाँ पानी एकदम स्वच्छ था। मछलियाँ तैरती हुई दिखाई पड़ती थीं। किन्तु मेंग्रोव्ह की छाया में लुप्त हो जाया करती थीं। पर्याप्त रोशनी न होने के कारण, परजीदो को खीझ हो उठती। जब वह मछली को ताक रहा था, तभी एक शहद की मक्खी कहीं से उड़ती हुई आई और उसके होंठ पर पल भर को जा बैठी। परजीदो को चिपचिपी सी मीठी अनुभूति हुई। उसने होठों पर जीभ फिराकर देखा। उसे यह अद्भुत स्वाद लगा। तभी दो-तीन मक्खियाँ आईं और उड़ते हुए मेंग्रोव्ह में लगे शहद के छत्ते पर जा बैठीं। चूँकि जल में मेंग्रोव्ह की परछाई पड़ रही थी, अतः उसने ध्यान से देखा। मेंग्रोव्ह पर उसे एक छत्ता-सा दिखाई दिया, जिस पर अनगिनत मक्खियाँ मँडरा रही थीं। परजीदो की उतनी बुद्धि नहीं थी। वह समझा, मक्खियाँ और वह छत्ता समुद्र के भीतर है। वह उसमें उतर पड़ा और हाथ से टटोलने लगा। जब हाथ में कुछ नहीं आया तो डर के मारे काँप उठा। उल्टे पाँव घर पहुँचकर उसने अपनी माँ को आपबीती सुनाई। बिलीकू को विश्वास न हुआ। उसने खुद जाकर देखने का निश्चय किया।

परजीदो को लेकर वह पुनः समुद्र के किनारे पहुँची। जल में छत्ते की परछाई एकदम स्पष्ट दिखाई दे रही थी। उसे परजीदो की बुद्धि पर हँसी आ गई। बिलीकू ने कहा—"अरे बुद्धू, वह छत्ता पानी में नहीं, मेंग्रोव्ह की शाखा पर लटका है। यहाँ तो उसकी छाया है, किन्तु छत्ता उतारकर लाने की समस्या होगी। अगर मक्खियों ने काटना शुरू कर दिया तो मुसीबत हो जाएगी।" बहुत देर के बाद उसने सोचा, शायद आग अथवा धुएँ से मक्खियाँ भाग जाएँ। बिलीकू ने परजीदो को झाड़ी के नीचे आग जलाने की सलाह दी। परजीदो सूखी लकड़ियाँ बटोर लाया। बिलीकू ने कमर में आग उत्पन्न करनेवाली लकड़ियों को निकाला और आपस में ज़ोर-ज़ोर से रगड़ने लगी। थोड़ी ही देर में चिंगारी निकल पड़ीं। सूखी लकड़ियों ने आग पकड़ ली। फिर धुआँ उठने लगा। धुआँ उठते ही मक्खियाँ उड़कर तितर-बितर होने लगीं। जब मक्खियाँ वहाँ से भाग गईं

तो बिलीकू ने परजीदो से छत्ता उतारने के लिए कहा। वह बन्दर की तरह उस छत्ते को उतार लाया। दबाव पड़ते ही शहद की धार निकल पड़ी। परजीदो ने चखा और खुशी से नाच उठा। "वही है—वही है—मक्खीपानी" कहता हुआ वह शहद खाने लगा। बिलीकू ने भी शहद को चखकर देखा और बेहद खुश हो उठी। जीवन में इतनी मीठी वस्तु को पहली बार उसने पाया था। इस खोज का श्रेय उसने परजीदो को दिया।

तबसे परजीदो रोज़ शहद की खोज में निकल पड़ता और माँ के लिए बिना चूक शहद लेकर पहुँचता। धीरे-धीरे अन्य लोगों को भी इस बात का पता चल गया। सभी उसे पाने के लिए जंगलों में भटकने लगे।

शहद आज भी अंदमानियों का प्रिय भोजन है। वे शहद आसानी से किसी को नहीं देते। शहद की बात आते ही उन्हें परजीदो और बिलीकू की कथा याद हो आती है। बिलीकू को अब अंदमानी अपनी देवी के रूप में स्मरण करते हैं, जिसने विरासत में उन्हें जंगल की सबसे रसीली और स्वादिष्ट वस्तु शहद (मक्खीपानी) प्रदान की।

5

माईया डुकु का अनोखा बलिदान

अंदमानी आदिवासियों के आकार बेला समुदाय में सदियों पूर्व, पहले-पहल माईया डुकु नामक व्यक्ति ने जन्म लिया। 'पुलुगा' (अंदमानियों का ईश्वर) ने उसे स्वप्न में जीवनयापन के तरीक़े बताए—जंगल में शिकार करना, कन्दमूल खोजना और आग बनाना। सपने में पुलुगा ने उसे 'चमेरे-बेर' और 'ता-चोई' नामक दो लकड़ियों से आग जलाने की विधि बताई। धनुष और तीर का उपयोग भी सिखाया। माईया डुकु पुलुगा के प्रति अत्यन्त कृतज्ञ था। सदैव उसका स्मरण करता। उसे हर समय एक ही विचार आता कि अपने ईश्वर के लिए क्या त्याग करे? किन्तु उसे कोई उपयुक्त राह न दीखती। इसी बारे में वह दिन-रात चिन्तानिमग्न रहता।

माईया डुकु एक सुबह मछली के शिकार को निकला। तब मछली का शिकार तीर से किया जाता था। लोहे का उसे ज्ञान न था। तब तीर लकड़ी का होता था—अत्यन्त नुकीला। समुद्र के किनारे पहुँचकर वह पारदर्शी जल में मछलियों की हलचल पढ़ने लगा। वह मछलियों की गति और दिशा को समझ रहा था। उसने कुछ देर बाद धनुष पर तीर चढ़ाया और शक्ति के साथ मछली की सीध में छोड़ दिया। किन्तु निशाना चूक गया। तीर मछली की जगह कच्चे लोहे के एक टुकड़े में जा धँसा। डुकु समुद्र में उतरा और तीर निकाल लाया। लोहे से तीर निकालकर उसने उस लौह धातु का निरीक्षण किया। वह ठोस और चमकदार थी। उसे किनारे पर रखकर वह शिकार में लग गया। उसका मस्तिष्क तब भी उस लौह धातु के सम्भावित उपयोग के बारे में सोच रहा था। घर पहुँचकर उसने लोहे के टुकड़े को तोड़ना चाहा। किन्तु यह मुश्किल लगा। फिर डुकु उसे घिसने लगा। कई दिनों तक घिसने के बाद उसे अनुभव हुआ, यह एक अद्‌भुत वस्तु है। अत्यन्त मजबूत और टिकाऊ। घिसने की प्रक्रिया में नुकीले कोणों से वह आहत भी हुआ। कई बार रक्त की धार बह उठी। इस प्रक्रिया से गुजरते हुए उसे लगा, अगर तीर के मुख पर इसे लगाया जाए तो बड़े पशुओं का शिकार आसान होगा। इसी धुन में वह लगा रहता। वह किसी निष्कर्ष पर पहुँचने को लालायित था। वह कई आकार में लौह धातु को गढ़ने का प्रयास करता। रोज सुबह उस धातु की खोज में निकल पड़ता और जितना कुछ मिलता बटोर लाता।

दिन-भर की खोज के बाद थक-थकाकर जब एक रात वह गहरी नींद में था, तब 'पुलुगा' ने प्रसन्न होकर कहा—"डुकु! मैं तुम्हारी इस लगन से प्रसन्न हूँ। तुम प्रयास से बहुत कुछ सीख सकते हो। मैं तुम्हारी मदद करूँगा, अगर इस लौह वस्तु को तुम तेज़ आग में तपाओ तो यह पिघल उठेगी। फिर तुम इसे कई आकारों में ढालकर अस्त्र-शस्त्र बना सकोगे।" इतना कहकर पुलुगा स्वप्न से गायब हो गया। डुकु नींद से हड़बड़ाकर उठा और स्वप्न का स्मरण कर पुलुगा का आभार प्रकट करने लगा। एकाएक उसे याद आया, ईश्वर हर कदम पर उसकी सहायता को तत्पर रहता है। किन्तु उसने अभी तक कोई त्याग अथवा बलिदान नहीं किया। उसे लगा पुलुगा को प्रसन्न करना ज़रूरी है।

सुबह जब वह घर से निकला तो समुद्र से शीतल बयार बह उठी थी। समुद्र की कोख से ताम्बई सूरज आसमान की तरफ उठ चला था। पक्षियों के मधुर स्वर गूँज रहे थे। हवा के झोकों से पेड़-पौधे झूमने लगे थे। वह बहुत देर तक प्रकृति का यह स्वार्थ-रहित व्यापार देखता रहा। अचानक उसके मन में एक बात कौंधी। सूरज निःस्वार्थ गर्मी देता है। चन्द्रमा शीतलता और हवाएँ भी इसी तरह स्वार्थरहित शान्ति देती हैं अर्थात् जो जिसके पास है वह उसी का निःस्वार्थ बलिदान कर रहा था। तब मैं स्वयं को क्यों न अपना ही बलिदान करूँ?

इसी उधेड़बुन में वह दिनभर भटकता रहा। रात में भी उसे नींद नहीं आई। उसने आग जलाई, फिर पुलुगा की बात स्मरण आते ही उसने पेड़ के एक मोटे तने को आग में झोंककर आग को और तेज़ किया। तत्पश्चात् पुलुगा के स्वप्न निर्देश के मुताबिक कच्चे लौह टुकड़ों को बीचों-बीच जतन से रख दिया। काफी देर की प्रतीक्षा के बाद उसने देखा, वह धातु लाल सुर्ख हो रही है। कुछ देर तक उस आश्चर्यजनक वस्तु को वह निर्निमेष देखता रहा। अचानक उसके दिमाग में कुछ कौंधा। उसने शंख की मजबूत सीपियों में उसे प्रयास कर भर दिया। वे धीरे-धीरे काली होने लगीं। सीपियों में उस धातु को भरते समय कुछ मोटी बूँदें पत्थरों पर टपक गई थीं। उन्हें उसने फैलकर आकार पाते देखा, बस इसी से उसे कई आकारों में ढालने की दुर्लभ विधि समझ आ गई। दूसरे दिन पुनः इसी क्रिया से उसने अनगढ़ अटपटे आकार में तीर बनाने की चेष्टा की, सीपियों के कई छोटे-बड़े खोलों में ढालकर उसने लौह धातु को आकार दिया। कहीं-कहीं उसे सहज धार भी मिली। अब पुलुगा की कृपा पर उसे अटल विश्वास हो गया था। इन अनगढ़ अस्त्रों से उसने पेड़ की छाल, पांडुनस, कच्चा नारियल आदि खुरचकर देखा। वह सृष्टि की अद्‌भुत देन से चमत्कृत था।

शाम तक उसके मन में एक विचार जैसे दीप्त हो उठा। यह शरीर ईश्वर की भेंट है। क्यों न इसका ही अंश पुलुगा को भेंट किया जाए? तड़के डुकु अनगढ़ ताजे अस्त्रों सहित समुद्र तट पर निकल गया। सूरज की नरम आँच महसूस होने लगी थी। उसे यह स्वर्गिक ताप सा लगा। सूरज को देखते हुए उसने सोचा क्यों न अपनी त्वचा का बलिदान किया जाए? उसमें एक अलग सी उमंग दौड़ पड़ी। उसका एकमात्र सपना पूरे

होने का समय था। उसने अपने शरीर को खुरचना शुरू किया। रक्त बह रहा था लेकिन उसकी दृष्टि सूरज पर थी। मन-मस्तिष्क में पुलुगा की कल्पना और बलिदान का विचार था। सब कुछ एक स्वप्न की तरह घट रहा था। समूचा शरीर लहूलुहान हो उठा। रेत तक रक्त में नहा उठी थी। किन्तु डुकु अटल रहा। उसने त्वचा बलिदान की प्रतिज्ञा पूरी की। बलिदान के उपरान्त वह गा उठा—

तोन मां लिर पिरेना
तोन विटिकेन
तोन मां लिर पिरेना
तोन विटिकेन

अर्थात् इसमें मेरा क्या है, जो था उसका था, बलिदान कर दिया। मुझे क्या बढ़िया सूझा। उसके बाद डुकु कई बरसों तक जीवित रहा। वह प्रसन्न था अपने बलिदान पर।

(लोककथा में त्वचा बलिदान के बाद शारीरिक कष्ट का कोई वर्णन नहीं आता। अंदमानियों का विश्वास है कि माईया डुकु के बलिदान से पुलुगा अत्यन्त प्रसन्न हुआ। उसने डुकु की त्वचा लौटा दी और उसे अस्त्र-शस्त्र निर्माण की विधि बताई। इस तरह अंदमानियों की आत्म-सुरक्षा का रास्ता प्रशस्त हुआ।)

6
सुमी का कर्ज़

कोई सौ-सवा सौ साल पुरानी बात है। अंदमान के किसी गाँव में एक व्यक्ति रहता था। उसका नाम पुरू था। उसकी पत्नी सुमी बड़ी धार्मिक विचारों की थी। पति-पत्नी में असीम प्यार था। गाँव के लोग दोनों का सम्मान करते थे।

पुरू के तीन बच्चे थे। विनम्र और आज्ञाकारी। माता-पिता के साथ, वे भी गाँव के दुखियों की सेवा करते। उनके गाँव से कुछ दूरी पर एक स्थान था—फोनिक्स बे, जो आज भी है। वहाँ भगवान बुद्ध का मन्दिर है। इस मन्दिर को लोग फोंगीचान कहते हैं। सभी धर्म और जाति के लोग वहाँ जाते थे। पुरू का परिवार भी जाता। जो कुछ अपने खर्च से बचता उतना भगवान बुद्ध की मन्दिर में सुमी चढ़ा आती। वह अपने पति और बच्चों की लम्बी उम्र की कामना करती। कई सालों तक उसका यही क्रम था। उसने अपने लिए कभी कुछ न माँगा।

अचानक एक दिन सुमी बीमार हो गई। पुरू और बच्चे सेवा में जुटे रहे। लेकिन सुमी की हालत नहीं सुधरी। पुरू परेशान हो उठा। वह रोज मन्दिर जाता। बच्चे भी प्रार्थना करते, दवाएँ बदली जातीं, पर सुमी की तबीयत दिन-ब-दिन बिगड़ती गई। एक दिन सुमी ने अपने पति और बच्चों को बुलाया। तीनों को सम्बोधित करती हुई बोली—"अब मुझ पर किसी दवा का असर न होगा। मेरा जीवन पूरा होने को है।"

"ऐसा न कहो। तुम ठीक हो जाओगी। ईश्वर ऐसा अन्याय नहीं कर सकता।" पति और पुत्र एक साथ कह उठे।

सुमी ने कहा, "नहीं! अब मुझे जाना है। मुझे एक पुराना कर्ज चुकाना था। वह कुछ दिन पहले मैंने चुका दिया। मेरा काम अब समाप्त हुआ।"

सबको आश्चर्य हुआ। पुरू ने पूछा—"कैसा कर्ज़ सुमी?"

सुमी ने बताया—"पिछले जन्म में भी, मैं फोंगीचान जाया करती थी और जो कुछ मेरे पास होता, भगवान बुद्ध के चरणों में अर्पित कर देती। एक दिन मेरे पास कुछ न था। मैंने एक व्यक्ति से उधार लिया। उसे भगवान के चरणों में अर्पित कर घर आ गईं, उसके बाद मेरी मृत्यु हो गई। मृत्यु के पहले मैंने प्रार्थना की थी कि मेरा फिर यहीं जन्म हो, ताकि मैं अपना कर्ज़ चुका सकूँ। इस तरह मैं इस जन्म में तुम्हारे परिवार

में आई। इतने सालों से मैं उसी व्यक्ति की तलाश में रोज फोंगीचान जाती थी। कुछ दिन पहले ही वह व्यक्ति मिला। उसके कर्ज की राशि मैंने सम्भाल रखी थी जो लौटा दी।"

सबका मन श्रद्धा से भर उठा। उनकी आँखों से आँसू बहने लगे। सुमी ने सभी को सांत्वना दी। पति के प्रति धन्यवाद प्रकट किया। बच्चों को प्यार किया और रात में जब सोई तो सुबह उठ न सकी। सुमी की कहानी लोग अब भी याद करते हैं।

7
अपनी मातृभूमि की ओर

अंदमान द्वीप समूह में पोर्टब्लेयर से लगभग सौ किलोमीटर दक्षिण में एक द्वीप है लिटिल अंदमान। ऐसा कहा जाता है कि यही द्वीप अंदमान की जनजातियों का मूल स्थान है। जारवा, अंदमानी, ओंगी और सेंटिनलीज यहीं से अन्य द्वीपों को गए होंगे, ऐसा लोगों का विश्वास है। ओंगी जनजाति के समुदाय का मानना है कि उनके पूर्वज हज़ारों वर्ष पूर्व उत्तरी अंदमान के काला पहाड़ नामक जगह में रहते थे। विस्थापित होकर लिटिल अंदमान में यह जनजाति समुदाय कैसे पहुँचा, इस सन्दर्भ में एक लोककथा प्रचलित है।

सदियों पहले ओंगी आदिवासी काला पहाड़ के जंगलों में रहते थे। उनका जीवन शिकार और जंगली कन्द-मूल व फलों पर आधारित था। उनका जीवन सुखी समृद्ध था। एक बार अचानक कुछ शक्तिशाली लोग काला पहाड़ में प्रकट हुए। उनकी क़द-काठी आश्चर्यजनक थी, उनके चेहरे से प्रकाश फूट रहा था। प्रकट होते ही उन्होंने ओंगियों को काला पहाड़ छोड़ने का आदेश दिया। ओंगी समुदाय भयभीत था। उनमें युद्ध करने का साहस न हो सका। कोई विकल्प न होने पर भारी मन से उन्होंने अपनी ज़मीन छोड़ना तय किया। जंगलों को पार कर उन्होंने समुद्री तट के आगे बढ़ने के लिए बड़ी होड़ियाँ बनाईं। परिवार सहित उन्होंने अपनी मातृभूमि को भरी आँखों से देखा और अनजान द्वीप के लिए चल पड़े। उन्हें अपनी नई दुनिया के बारे में कुछ न मालूम था। भूखे-प्यासे कई दिन भी गुज़ारने पड़े। मछली का शिकार करते और कुछ न मिलने पर मन मसोसकर आगे बढ़ते जाते। कई दिनों की यात्रा के बाद उन्हें एक द्वीप दिखाई पड़ा। द्वीप में ऊँचे-ऊँचे पेड़ थे। कहीं कोई स्पष्ट राह नहीं दिख रही थी। भूख से बेहाल उस समुदाय की हिम्मत टूट रही थी। अन्ततः उन्होंने इसी द्वीप में बसेरा करने का निश्चय किया। उस स्थान का नाम 'ताम्बेगुए' था यानी लिटिल अंदमान का एक छोटा सा भाग। अपनी जीविका और ठिकाने के लिए वे इधर-उधर भटकने लगे। उन्हें सूअर और कन्दमूल दिखाई दिए। उन्हें लगा यहाँ जिया जा सकता है। कुछ लोग वहीं रुक गए। कुछ और लोग सुदूर दक्षिण की तरफ भोजन की खोज में निकल गए। भटकते-भटकते वे 'टोकोबुले' नामक जगह में पहुँचे, जिसे आज डुआंगक्रीक कहा जाता है। उन्होंने वहीं डेरा डाल दिया और रहने लगे।

ओंगी जनजाति का यह समुदाय विवशता में काला पहाड़ में विस्थापित तो हो गया किन्तु अपनी मातृभूमि को भूल न सका। वह हर समय यह सोचकर दुखी हुआ करता कि उन्हें अपने पूर्वजों की ज़मीन छोड़नी पड़ी। अपने नए स्थान लिटिल अंदमान में विस्थापित ओंगियों ने एक जलसा किया। जिसका उद्देश्य था अपने नए स्थान को पूर्णतः स्वीकार करना। यह जलसा 'टोकेबुलेगे' नामक जगह पर आयोजित हुआ। सभी परिवारों ने इसमें भाग लिया और अपने ईश्वर 'पुलुगा' की अर्चना की। बाद में सामूहिक भोज और नृत्य का कार्यक्रम भी हुआ। कार्यक्रम अर्धरात्रि तक चलता रहा। तत्पश्चात सभी अपनी-अपनी 'क्वालान्डा' अर्थात् झोंपड़ियों में चले गए। उनका राजा 'ताम्बोले' भी आयोजन के बाद विश्राम करने चला गया। उसे गहरी नींद आ गई। देर रात उसे अनोखा स्वप्न आया। स्वप्न में एक स्त्री दिखाई थी। बेहद दुखी और थकी-हारी। एक गहरी उदास चुप्पी के बाद वह बोली—"तुम सबने मुझे भुला दिया। मैंने तुम सभी को अपनी गोद में खिलाया। तुम्हारे पूर्वज भी मेरी छाया में सुखी सम्पन्न थे। मैं कितनी प्रसन्न थी तब। जब से तुम यहाँ से चले गए, कितनी अकेली हो गई हूँ मैं। काला पहाड़ की तुम्हारी धरती अब कितनी वीरान हो गई है। मेरे बच्चों की किलकारियाँ जाने कहाँ खो गई। मेरा सुख-चैन खो गया। और तुम जलसा कर रहे हो। एक बार भी मेरी सुध तुम्हें न आई।। तुम कृतघ्न हो। क्षमा करने योग्य भी नहीं, वरन भला कोई अपनी मातृभूमि को इस तरह बिसार देता है?" ताम्बोले को देर तक अन्तिम वाक्य सुनाई देते रहे। मानो किसी ऊँचे पहाड़ से टकराकर चन्द वाक्य लौट रहे हों। वह हड़बड़ाकर उठ बैठा। उसे देर तक स्वप्न-अर्थ समझ में न आया। वह परेशान हो उठा। दो-तीन दिन की माथा-पच्ची के बाद भी जब वह स्वप्न का अर्थ पूरी तरह न समझ सका तो उसने बुजुर्गों की सभा आमन्त्रित की। उसके चेहरे की मानो रौनक चली गई हो। ऐसी परेशानी उसमें कभी नहीं देखी गई थी। एक वृद्ध ने कहा—"तुम अधिक चिन्तित लगते हो ज़रूर कोई अनहोनी बात होगी?" ताम्बोले ने पूरी स्वप्न कथा सुनाई और किसी निर्णय की प्रतीक्षा में बुजुर्गों की तरफ ताकने लगा। आपसी विचार-विमर्श के बाद उन्होंने समझा कि वह स्त्री ज़रूर उनकी मातृभूमि होगी जो स्वप्न में स्त्री बन प्रकट हुई। काला पहाड़ छोड़ने के बाद कोई उधर गया नहीं, अवश्य इसी कारण वह रुष्ट हो गई है। मुमकिन है उसके क्रोध से हम सभी पर कोई विपत्ति आ जाए। इसलिए हमें काला पहाड़ यानी मातृभूमि जाकर पूजा करनी चाहिए। हो सकता है—वह प्रसन्न हो, हम सभी को क्षमा कर दे। अगर यह प्रायश्चित नहीं किया गया तो 'तोमाले' (दुष्टात्मा जो ओंगियों को परेशान करता है) को हमारा जीवन नरक बनाने का मौका मिल जाएगा। हमें काला पहाड़ जाने के पूर्व टैयांबोगलाँको (महाशक्ति) को भी प्रसन्न करना चाहिए ताकि बीच में तोमाले हमारा कुछ न बिगाड़ सके। राजा बुजुर्गों की बात से सहमत हो गया।

एक बार फिर एक लम्बी यात्रा के लिए तैयारियाँ होने लगीं। दो बड़ी-बड़ी नावें बनाई गईं। दो समूहों में से कुछ लोगों का चुनाव हुआ। रास्ते के लिए आवश्यक सामग्री सहेजी गई। फिर विदाई का दिन आ पहुँचा। सभी ने पुलुगा, टैयांबोगलाँको और समुद्र

की अर्चना की। सभी के हृदय भरे हुए थे। जाने उनके हृदय के अभिन्न टुकड़े लौट भी पाएँगे या नहीं? वे भाग्य के भरोसे अपने बच्चों को अपने से विलग कर रहे थे। सभी की आँखों में आँसू थे। वे दुष्टात्मा-तोमाले के प्रकोप से आकंठ डरे हुए थे। सभी लोग प्रार्थना करने लगे।

दोनों नावों ने किनारा छोड़ा और आगे बढ़ने लगीं। हाथों को हिला-हिलाकर परिवारजन उन्हें विदा कर रहे थे। उनकी आँखें झर रहीं थीं। अधरों से शुभकामनाएँ और आशीर्वाद बह रहे थे। धीरे-धीरे दोनों नावें आँखों से ओझल होने लगीं। वे बीच समुद्र में पहुँच चुकी थीं। कुछ घंटों के बाद मौसम में परिवर्तन दिखाई देने लगा। बादल गहरा उठे थे। ठंडी हवाएँ बहने लगीं।

लहरों के वेग में भी अप्रत्याशित परिवर्तन दीख रहा था। दोनों ही नाव में बैठे ओंगी आदिवासी अनुभव के आधार पर तूफान की सम्भावना देख रहे थे। वे सशंकित हो उठे। उन्हें लगा अवश्य तोमाले सक्रिय हो उठा है। वह नहीं चाहता कि हम मातृभूमि तक पहुँचें। उसी ने हमें काला पहाड़ से कपटपूर्वक हटाया है। एकाएक लहरों में प्रबल वेग दिखाई देने लगा। वे महाशक्ति का स्मरण करने लगे। उन्होंने अपनी मातृभूमि को याद किया। किन्तु लहरें लगातार भयावह हो रही थीं, बादलों की गड़गड़ाहटों ने उनके भीतर भय की तेज़ सिहरन दौड़ा दी। उनके सम्मुख विपदा मुँह बाए खड़ी थी। उन्हें लगा वे कभी भी समुद्र में समा सकते थे। प्रार्थनाओं के स्वर तेज़ हो उठे। वे भरसक प्रयत्नशील थे कि नावों को सँभाले रखें, किन्तु बड़ी सी एक लहर आई। उसके तांडव पर एक नाव उछली और तेज़ी से पलट गई। यह एक करुण दृश्य था। दूसरी नाव में बैठे उनकी सहायता करने में असमर्थ थे। वे किसी तरह अपनी नाव को बचाने में प्रयत्नशील थे। डूब रही नाव के ओंगी आदिवासी किसी तरह तैरकर अपने को बचाने में लग गए। वे दूसरी नाव की तरफ बढ़ रहे थे। लहरों का वेग उन्हें रोक रहा था। किन्तु उनकी हिम्मत अब एक मात्र सहायक थी। वे बढ़ रहे थे। दूसरी नाव किसी तरह चक्रवात की चपेट से सुरक्षित बच गई थी। समुद्र अब भी अशान्त था किन्तु खतरा शायद टल गया था। डूबने से जितने लोग बच गए थे वे एक-एक कर दूसरी नाव में पहुँच गए। काफी प्रतीक्षा के बाद पाँच साथी नहीं लौटे। वे शायद समुद्र की दाढ़ में समा गए थे। यह बचे हुए ओंगियों के लिए कष्टप्रद था। वे हिचकियों में डूब गए। उन्हें कोई राह न सूझ रही थी। एक ओर तोमाले का भय, दूसरी ओर मातृभूमि की चेतावनी। संकट के इस समय में वे आपस में एक-दूसरे को धैर्य बँधा रहे थे। अन्ततः दूसरी नाव के प्रमुख कप्तान ने कहा, "बहुत सोचने के बाद मैं इस निष्कर्ष पर पहुँचा हूँ कि हमें काला पहाड़ जाना चाहिए। अगर नहीं गए तो प्रायश्चित अधूरा रहेगा और हमारी धरती का कोप हमारे परिवारों पर टूट पड़ेगा। अगर हम न भी लौटे तो कोई बात नहीं। कम-से-कम हमारे पूर्वज हमारी कोशिशों के गवाह रहेंगे। सम्भव है वे हमारी मदद करें और मातृभूमि को समझाएँ। अब यही रास्ता हमारे परिवारों को विपत्ति से बचा सकता है।" सभी में जैसे उत्साह और बलिदान हो जाने की लहर सी दौड़ गई। सभी सहमत हो गए। उन्होंने

पुनः यात्रा आरम्भ की। समुद्र आश्चर्यजनक ढंग से शान्त हो गया था। कुछ दिनों की थका देनेवाली यात्रा के बाद उन्हें काला पहाड़ द्वीप दीखने लगा। वे खुशी से झूम उठे। उनके बाजुओं में जादुई शक्ति भर उठी। वे जल्दी-जल्दी चप्पू खेने लगे। साँझ ढलने के पहले उनके पाँव अपनी मातृभूमि में थे। उन्होंने पूर्वजों की धरती को नमन किया और लकड़ियों और भोजन की खोज में निकल पड़े। उन्हें आपस में रगड़कर आग जलानेवाली दोनों लकड़ियाँ मिल गईं। कुछ लोग मछली और कछुआ मार लाए। आग जलाई गई और मांस की गन्ध चारों तरफ फैल गई। मांस भुनते ही सब एकत्रित हो गए। पारम्परिक तरीके से उन्होंने मातृभूमि और टैयाबोगलाँको का स्मरण किया। भोजन का एक हिस्सा सौंपकर अपनी त्रुटियों के लिए क्षमा माँगी। प्रायश्चित की रस्म के बाद उन्होंने भोजन किया और वहीं ठहर गए। कुछ लोगों ने रात को पहरा दिया। बाकी लोग सो गए। कोई अशुभ घटना नहीं हुई। अगले दो-तीन दिनों तक उन्होंने इसी तरह प्रायश्चित किया। साथ ही वापसी के लिए खाद्य सामग्री और जल जुटाते गए। चौथे दिन पुनः प्रार्थना कर वे लौट पड़े।

वापसी यात्रा में समुद्र शान्त था। कई दिनों की यात्रा के बाद वे लिटिल अंदमान की धरती पर पहुँच गए। सभी में हर्ष भर उठा। जो अकाल मृत्यु को प्राप्त हुए, उनके लिए सभी को दुख था, किन्तु ओंगियों ने इसे बलिदान के रूप में लिया। सर्वसम्मति से मृतात्माओं की शान्ति के लिए एक रात्रि भोज हुआ। इसी आयोजन में मातृभूमि और महाशक्ति की प्रार्थना कर, उनके प्रति आभार प्रकट किया गया। साथ में यह भी निर्णय लिया गया कि हमें अपने पूर्वजों की धरती को नहीं भूलना है। दो साल में काला पहाड़ की धरती को नमन करने जाना चाहिए।

ओंगी अभी भी अपने पूर्वजों की धरती काला पहाड़ से उत्कट लगा रखते हैं। अब यात्राएँ भी सुगम हो गई हैं और ओंगी कभी-कभार ही सही, अब भी काला पहाड़ जाने का कार्यक्रम बनाते हैं।

8
कोचांग की मेहनत

कोचांग नाम का एक व्यक्ति था। बड़ा मेहनती और ईमानदार। वह एक पहाड़ी पर रहता था। ईश्वर की पूजा करता था। उसका विश्वास था, जो कुछ भी इस दुनिया में है वह सब उसके ईश्वर 'पुलुगा' की वजह से है। चाँद, सूरज, धरती, समुद्र, पेड़-पौधे अगर जीवित हैं तो पुलुगा की कृपा से। पुलुगा अगर न चाहे तो सब नष्ट हो सकता है।

उसकी इच्छा थी एक बहुत सुन्दर घर बनाने की। उसने पुलुगा का स्मरण किया और बनाने में जुट गया। रोज़ सुबह उठता। सुबह से रात तक काम करता रहा। कई दिनों की अथक मेहनत के बाद उसने घर बना लिया। अब उसे घर सजाने की इच्छा हुई। उसने समुद्र के किनारे से शंख-सीपियाँ और चमकीले पत्थर बटोरने शुरू किए। इन चीज़ों से उसने घर सजा लिया। उसमें एक गहरा सन्तोष और आत्मविश्वास जाग उठा। एकाकीपन दूर हो गया। उसे दुनिया सुन्दर लगने लगी। वह हर वस्तु को प्यार करने लगा।

कोचांग ने सोचा, अब एक बगीचा बनाना चाहिए। दूसरी सुबह उसने घर के आस-पास की सफ़ाई शुरू कर दी। धरती को समतल किया। उसे खोदा। पानी से सिंचाई की और पेड़ लगाने शुरू किए। कई दिनों तक लगन से यह कार्य करता रहा। अब उसके बगीचे में फलदार पेड़ और रंग-बिरंगे फूलों के पौधे थे। वह उनके फलने-फूलने की राह देखने लगा। उनमें पानी देता, खाद डालता, सफ़ाई करता। मई महीने के बाद उसका बग़ीचा खिल उठा। उसमें फल और फूल आने लगे। कोचांग अब खुश था। उसने पुलुगा को धन्यवाद दिया।

इतने परिश्रम के बाद भी वह रुका नहीं। कोई न कोई नया काम वह करता रहता। जब दिन भर की मेहनत के बाद एक रात वह विश्राम कर रहा था तभी ज़ोर की बारिश शुरू हुई। बिजलियाँ कड़कने लगीं। समुद्र में तूफान आ गया। सब तरफ अँधेरा गहरा उठा। लगा जैसे दुनिया नष्ट हो जाएगी। बग़ीचे के पेड़ गिरने लगे। घर की दीवारें ढहने लगीं। छत टूटने लगी। वह घर की एक-एक वस्तु को बचाने के प्रयास में दौड़ता रहा। उसने तूफ़ान की परवाह नहीं की। लेकिन लाख कोशिशों के बाद भी सब ख़त्म हो गया।

धीरे-धीरे पानी पहाड़ पर चढ़ने लगा। पहाड़ डूबने लगा। पानी तेज़ी से पहाड़ की चोटी की तरफ़ बढ़ रहा था। कोचांग का अपना जीवन ख़तरे में पड़ गया। अचानक उसने आसमान से झूलती रस्सी देखी। उसने उस रस्सी को कसकर पकड़ लिया। रस्सी ऊपर उठने लगी। इस तरह कोचांग आसमान में बादलों के ऊपर जा पहुँचा।

कोचांग का सब नष्ट हो गया था। उसे लगा यह ज़रूर 'पुलुगा' के प्रकोप की वजह से हुआ। उसने आँखें बन्द कीं। वह 'पुलुगा' का स्मरण करने लगा। कुछ देर बाद एक तेज़ रोशनी प्रकट हुई। हर तरफ़ प्रकाश ही प्रकाश बिखर उठा। कोचांग ने देखा तो भय और आश्चर्य से भर उठा। वहाँ कोई ईश्वर देह तो न थी, बस तेज़ और आकर्षक रोशनी थी। रोशनी के परे से सहसा आवाज़ आई 'मैं पुलुगा हूँ! तुम्हारी लगन, मेहनत और आत्मविश्वास से प्रसन्न हूँ। अब तुम स्वर्ग में हो। चाहो तो यहीं रह सकते हो, मेरे देवदूत की तरह।'

कोचांग की घिग्गी बँध गई। उसे कुछ सूझ नहीं रहा था। उसे बस अपने घर की याद आ रही थी। कोचांग ने साहस बटोरकर कहा—

"हे ईश्वर! वर्षा और तूफान से मेरा घर नष्ट हो गया। वह मेरी अथक मेहनत का फल था। मैं उसे नष्ट होते नहीं देख सकता।"

पुलुगा ने कहा—"तुम्हें स्वर्ग और अपने घर में से एक को चुनना है।"

कोचांग बेसाख्ता बोल उठा—"प्रभु मुझे घर चाहिए। अपनी मेहनत का घर।"

पुलुगा यह सुनकर हर्ष से भर उठा। उसने कहा—"कोचांग, मैं तुम्हारी लगन और मेहनत से प्रभावित हुआ। अब धरती सूनी नहीं रह सकती। जाओ तुम्हें तुम्हारा घर और मेरा एक उपहार धरती पर मिलेगा।" इतना कहकर पुलुगा अन्तर्ध्यान हो गया। कोचांग कैसे अपने घर पहुँचा उसे स्मरण नहीं। उसका घर, उसे उसी रूप में मिला। जब वह अन्दर पहुँचा तो वहाँ एक सुन्दर स्त्री, उसकी राह देख रही थी। उसका नाम चान-ए-लाबादी था। वह पृथ्वी की पहली स्त्री थी।

कोचांग और चान सुखपूर्वक उस घर में मेहनत करते हुए रहने लगे। उन्होंने कई पुत्र-पुत्रियों को जन्म दिया। इस तरह धरती पर मनुष्य का विकास हुआ।

9
पेड़ों का फ़ैसला

सृष्टि के आरम्भ में पेड़-पौधे ऐसे नहीं थे। वे मनुष्यों की तरह चलते-फिरते थे। तब मनुष्य उसका मित्र हुआ करता था। वह पेड़-पौधों को बच्चों की तरह प्यार करता था। उनकी देखभाल करता था। पेड़ भी बड़े खुश थे। वे मनुष्य के साथ-साथ चलते। शिकार पर जाते, मदद करते और उनका सामान सेवकों की तरह खुशी-खुशी ढोते थे। पेड़-पौधे मनुष्य के हर आदेश का मन लगाकर पालन करते थे।

यदि बच्चे पेड़ की डाल पर बैठकर आदेश देते कि जंगल चलो, पेड़ तुरन्त चल पड़ते। घर से कोई सामान लाने को कहते, वे दौड़ पड़ते। घर पर पेड़ स्त्रियों के काम में हाथ बँटाते। कपड़े सुखाते, हवा देते, ज़रूरत पड़ने पर फल के अलावा घर बनाने को पत्तियाँ और डालियाँ देते। यानी वे पूरी भक्ति के साथ मनुष्य की सेवा में लगे रहते।

कहते हैं एक सुन्दर जगह थी—एलप। वहाँ आदमी दूर-दूर से आते। एलप एक तरह से सैरगाह थी। साल भर लोग अपना काम करते और ठंड ख़त्म होने के पहले उत्सव के लिए वहाँ पहुँचते। बड़ी भीड़ होती। जगह-जगह के पेड़, सामान और आदमी को लादे-लादे वहाँ आते और मनुष्य की खुशी में भरपूर शामिल होते।

एक साल मनुष्यों ने खूब बढ़िया उत्सव मनाया। तरह-तरह के पकवान बने। शिकार लाकर कई तरह से गोश्त बनाया गया। पेड़ हर काम में सेवक की तरह जुटे रहे। मनुष्यों ने उस दिन छककर खाया। शराब पी और उत्सव मनाया। फिर जाने की तैयारियाँ होने लगीं। पेड़ों पर फिर सामान लादा गया। सामान इतना अधिक हो गया कि पेड़ बोझ से झुकने लगे। वे ठीक से चल नहीं पा रहे थे। फिर भी प्रयत्नपूर्वक धीरे-धीरे लड़खड़ाते हुए चल रहे थे। उनकी यह हालत देखकर कुछ लोगों ने हँसना शुरू कर दिया। धीरे-धीरे सभी इस हँसी में शामिल हो गए। पेड़ इस उपहास से आहत हो उठे। उन्होंने सोचा—"हमारी सेवा और भक्ति का यह फल!"

पेड़ों ने उसी समय फ़ैसला किया कि अब वे मनुष्य की आज्ञा का पालन नहीं करेंगे। कोई सेवा-टहल नहीं करेंगे। पेड़ तभी से स्थिर हो गए। मनुष्य को अपनी भूल का अहसास हुआ, किन्तु तब तक बहुत देर हो चुकी थी।

कहते हैं उसी समय से पेड़ों ने जो चलना-फिरना बन्द किया, तो अभी तक स्थिर हैं।

10
साका और द्वीप

'ककना द्वीप' के समीप एक छोटा-सा द्वीप था। बीच समुद्र में यह द्वीप अत्यन्त मनोहारी था। खूब हरा-भरा और फूलों से सज्जित। इस द्वीप में किसी का रहवास न था। किन्तु लोग इसकी सुन्दरता के कारण अमूमन घूमने आ जाया करते थे।

'साका' नाम की एक चिड़िया थी। कहा जाता है कि विश्व में इस तरह की चिड़िया कहीं और न थी। अत्यन्त चालाक और कुशाग्र बुद्धि की। साका का शिकार करना बड़ा मुश्किल काम था। इस चिड़िया का मन इस द्वीप पर मोहित था। वह इसी द्वीप के आस-पास मँडराती देखी जाती थी। वह द्वीप की सुन्दरता पर इतनी मुग्ध थी कि उसे मनुष्य की निगाह से बचाए रखना चाहती थी। उनका मन होता कि द्वीप को उठाकर कहीं और ले जाकर छिपा दे। द्वीप में अक्सर लोग शाम को शिकार के लिए आया करते थे और रात को रुककर शिकार किया करते थे। साका को यह बहुत दुखदायी लगता था।

साका मन-ही-मन सर्वशक्तिशाली अदृश्य शक्ति से प्रार्थना करती कि उसे इतनी शक्ति दे कि वह द्वीप को चोंच में दबाकर अन्यत्र ले जा सके। उसकी प्रार्थना, कहते हैं सर्वशक्तिमान ने सुनी और कहा—"साका, तुझे यह शक्ति सिर्फ़ एक बार के लिए देता हूँ। किन्तु याद रख, जब सुबह की पहली किरण धरती पर दस्तक देगी, तेरी शक्ति जाती रहेगी।" साका की प्रसन्नता का कोई ठिकाना न रहा।

साका प्रतीक्षा करने लगी कि कब ऐसा हो कि द्वीप मनुष्यों से मुक्त हो। आख़िर वह दिन आया। वह कोई शुक्ल पक्ष का समय था। द्वीप जैसे चाँदी के रंग में नहा रहा था। साका अपनी सुध-बुध खो बैठी और आधी रात गए तक द्वीप को निहारती रही। एकाएक समुद्र की किसी बड़ी लहर के शोर ने उसकी सुध-बुध भंग की। वह जैसे सोते से जागी। हालाँकि देर हो चुकी थी, फिर भी उसने हिम्मत न हारी। सर्वशक्तिमान का स्मरण कर द्वीप को उसने चोंच में भरा और उड़ चली। द्वीप किसी फूल की तरह हल्का हो उठा। उसकी खुशी का कोई ठिकाना न रहा। वह समूची शक्ति और उत्साह में उड़ी जा रही थी। चार-पाँच घंटों तक वह बिना विश्राम किए उड़ती रही। रास्ते में कई पक्षी मिले जो साका के इस कमाल पर उसकी प्रशंसा कर रहे थे और पीछे जुलूस के शक्ल

में चलते जा रहे थे। देखते-देखते यह ख़बर कई पक्षियों तक पहुँची। समुद्र के भीतर की मछलियाँ, कछुए और अन्य जीव-जन्तु द्वीप उठाए जाने की हलचल से ऊपर आ यह अजूबा देख रहे थे। समुद्र के भीतर के जीव-जन्तुओं में भी यह ख़बर तेज़ी से फैली। साका के मार्ग पर सारे जीव-जन्तु उछलकर इस अनहोनी घटना के दर्शक बन उल्लसित हो रहे थे। यह अद्‌भुत दृश्य समाप्त होने को था और साका चिन्तित। वह अपनी मंजिल से बहुत दूर थी, लेकिन पूरी शक्ति से पहुँचने की कोशिश में थी। किन्तु दुर्भाग्य से 'चावरा द्वीप' के पहले ही समय ख़त्म हुआ और सूरज की पहली किरण ने दस्तक दी। साका की शक्ति जाती रही और द्वीप उसकी चोंच से गिरकर समुद्र में जा गिरा। इस गिरे द्वीप ने चावरा के मार्ग में अपना अस्तित्व बनाया और 'छोटा द्वीप' के नाम से चर्चित हुआ। चावरा द्वीप तक केनो (नाव) से पहुँचने पर यह द्वीप अब मार्गदर्शन करता है। कहते हैं साका अभी भी इस द्वीप के चक्कर काटती है और एक बार फिर इस द्वीप को अपनी मंज़िल तक ले जाने के लिए सर्वशक्तिमान से प्रार्थना करती रहती है।

11
शार्क मछली की कहानी

समुद्र के समीप एक गाँव था तरूलो। इस गाँव के लोग एकदम जंगली और खूंखार थे। किसी भी अंजान आदमी को देखते ही, वे उसकी हत्या कर देते। हत्या में उन्हें आनन्द आता। उस गाँव का हर व्यक्ति मारे गए बेकसूर लोगों की संख्या बताते हुए प्रसन्न हो उठता। उन लोगों पर हत्या का जुनून सवार था।

आस-पास और दूर-दराज के लोग बड़े घबराए हुए थे। एक गाँव से दूसरे गाँव जाना, एक गम्भीर समस्या थी। लोग अपने दोस्तों, अपने रिश्तेदारों के घर जाने में घबराते थे। एक बार लोगों ने मिलकर एक सभा की और तरूलों के हत्यारों पर हमला कर दिया। हत्यारों की जमकर पिटाई की, धमकाया और वहाँ से भगा दिया। हत्यारे जान बचाकर भागे और एक वीरान जगह में रहने लगे। लेकिन उनकी आदत नहीं सुधरी। जब कभी किसी को अकेला पाते, उनकी निर्मम हत्या करने से न चूकते।

एक दिन की बात है। पूको गाँव का एक युवक, अपने छोटे भाई को पीठ पर बिठाए वहाँ से गुजरा। दोनों भाई प्रसन्न थे। वे अपने मामा के घर जा रहे थे। उनके पीछे कहीं से एक हत्यारा आ गया। उसके हाथ में तेज़ धारवाला दाँव था। पीछे से उसने छोटे भाई के हाथ पर वार किया। छोटा भाई चीख मारकर रोने लगा। बड़ा भाई समझा, वह जान-बूझकर चीख रहा है। उसने ध्यान नहीं दिया। इसी बीच उस हत्यारे ने एक और भरपूर वार किया। वार सिर पर लगा और छोटा भाई तड़पने लगा। बड़े भाई ने पलटकर देखा। हत्यारा उसकी तरफ दाँव लिए बढ़ रहा था। वह डर के मारे भागने लगा। किसी तरह अपने भाई को पीठ पर उठाए रोता-चीखता वह अपने मामा के घर पहुँचा। मामा ने दोनों की दशा देखी और समझ गया कि वह तरूलो से खदेड़े गए किसी हत्यारे का काम है। तब तक गाँव के बहुत से लोग जमा हो गए। छोटे भाई ने दम तोड़ दिया। सब आग-बबूला हो उठे।

गाँववालों ने विचार किया। ऐसा कब तक चलेगा? हत्यारों की सनक में जाने कितने लोग और मारे जाएँ। उन्होंने फैसला किया कि हत्यारों को अब सबक सिखाना ज़रूरी है। गाँव के सभी लोग अपने हथियार लेकर हत्यारों के गाँव की तरफ चल पड़े। वहाँ पहुँचकर उन्होंने धावा बोल दिया। इस बार अधिक जमकर पिटाई की। हत्यारे

भागने लगे। लेकिन उनका पीछा नहीं छोड़ा। वे जिस तरफ जाते, लोग उसी तरफ खदेड़ने लगते। हत्यारे डर गए। जान बचाने के लिए वे समुद्र में धड़ाधड़ कूदने लगे। लोगों ने उन्हें समुद्र से बाहर नहीं आने दिया। उन्हें डुबो दिया।

पूको गाँव के अलावा आस-पास के गाँववालों की धारणा है कि ये हत्यारे समुद्र में डूबकर शार्क मछली बन गए। इसे वे 'बदमाश मछली' कहते हैं, जो आदमी को अपना शिकार बनाती रहती है। वे अभी भी अपने स्वभाव के कारण हत्या करने से बाज नहीं आतीं।

12

समुद्री गाय का जन्म

सृष्टि के आरम्भ में आदि मानव मछली, सूअर, केंकड़े और कछुए का शिकार करते थे। इसके अलावा वे जंगली कन्दमूल और फल इकट्ठा किया करते थे। यही जीवनचर्या अंदमानी आदिमानवों की थी। एक दिन परजीदो नामक अंदमानी आदिवासी अपना भोजन इकट्ठा करने जंगल में गया। दिन भर भटकने के बाद उसे भोजन के लिए कोई वस्तु न मिली। वह परेशान हो उठा। शाम होने को आई, तब उसने देखा कि जंगल में सूअर घूम रहे थे। उसे लगा अब एक सूअर पकड़ना चाहिए, ताकि शाम को भोजन की समस्या हल हो सके। परजीदो ने देखा कि सूअर में एक बात बड़ी विचित्र है कि उसकी आँखें व कान नहीं है। परजीदो ने सूअर को आसानी से पकड़ा और कन्धे पर उठाए घर की तरफ़ चल पड़ा। घर पहुँचकर उसने आग जलाई। सूअर के पाँव बाँधे और आग में भूनने के लिए फेंक दिया। सूअर आग में छटपटाने लगा। उसकी सारी शक्तियाँ जैसे जाग उठीं। वह बचने के लिए कशमकश करने लगा। अचानक आग से कुछ फटने की तेज़ आवाज़ आई और परजीदो ने देखा कि सूअर की आँखें उग आई थीं। वे दहकते शोले से अधिक सुर्ख़ थीं। तभी परजीदो ने देखा कि सूअर के कान और नाम के छेद भी उग आए और सूअर आग से बाहर निकल रहा था। परजीदो कुछ सोच पाता तब तक सूअर एक लम्बी छलाँग के साथ बाहर हुआ और समुद्र की तरफ भागने लगा। परजीदो ने आस-पास देखा। वहाँ बड़ी पत्तियोंवाला 'कोबो' का छोटा-सा पेड़ था, उसने कोबो की दो डालियाँ तोड़कर सूअर को मारा और वे जादुई ढंग से चिपक गईं। वह सूअर के पीछे भागता रहा। भूख की दशा में शिकार का हाथ से जाते रहना, उसे झुंझला गया। सूअर भागता हुआ समुद्र में जा कूदा। जैसे ही पानी का स्पर्श हुआ, वह समुद्री गाय में तब्दील हो गया।

आज भी जब-तब समुद्री गाय के दिखने के क़िस्से अंदमानी सुनाते हैं। उनका विश्वास है कि समुद्री गाय की उत्पत्ति सूअर से हुई, जिसका कारण परजीदो था।

13

कछुए का जादुई खोल

अंदमान में एक राँची बस्ती है। इसमें कई ग़रीब परिवार रहते हैं। वहाँ एक रोचक कहानी सुनने में आई। कोई एक वृद्ध कभी उस बस्ती में पहुँचा। वह भूखा था। वह एक निर्धन परिवार के आँगन में जा बैठा। फिर जाने क्या सोचकर वह पड़ोस में गया। एक सम्पन्न दिखनेवाले घर का दरवाज़ा खटखटाया। एक आदमी ने दरवाज़ा खोला और वृद्ध की तरफ़ प्रश्नवाचक निगाहों से देखने लगा। वृद्ध ने बिना संकोच कहा—"मैं बहुत दूर से चलकर आया हूँ। भूखा हूँ। क्या आप मुझे भोजन दे सकते हैं?"

घर से बाहर निकला वह आदमी चिढ़कर बोला—"क्या यहाँ कोई खैरात बँट रही है? हमने कोई तुम्हारा कर्ज़ लिया है, जो भोजन कराएँ? कोई और घर देखो।"

इतना सुन बूढ़ा उल्टे पाँव लौटकर, उसी निर्धन परिवार के घर जा पहुँचा। वह भोजन करने ही वाला था। उसकी थाली में दो छोटी मछलियाँ थीं और थोड़ा-सा चावल। उसने बिना कुछ सोचे, वृद्ध के सामने थाली रख दी और बोला—"बस इतना ही है घर में। आप खाएँ। शाम तक कुछ न कुछ कमा लाऊँगा फिर पेट भर आपको खिला सकूँगा।"

वृद्ध ने शान्त भाव से उस आदमी की तरफ़ देखा और भोजन करने लगा। भोजन के बाद वृद्ध ने कहा—"मेरे पास तो कुछ नहीं है जो तुम्हें दे सकूँ। फिर भी एक अनोखी चीज़ देता हूँ जो तुम्हें सुख देगी। यह जादुई कछुए का खोल। इसे कटोरे की तरह धरती पर रखकर, जब जो माँगोगे इसमें से निकलने लगेगा। जब उल्टा कर रख दोगे तो माँगी गई वस्तु का निकलना बन्द हो जाएगा।"

इतना कह, कछुए का वह खोल उस आदमी को दे वृद्ध चला गया। अब क्या था, वह आदमी जो माँगता, उसे मिल जाता। जल्दी ही वह एक धनी आदमी होने लगा। शहर जाकर उसने मकान बनाया और सुखपूर्वक रहने लगा। यह बात उसके पड़ोसी को अखरने लगी। जो आदमी कल तक कंगाल था, वह उससे भी धनी हो गया। उसे इसमें कोई रहस्य लगा। वरना रातों-रात कोई कंगाल कैसे धनी हो सकता है? वह रहस्य जानने की ताक में रहने लगा। एक रात वह उस अधेड़ आदमी के घर गया और चोरी से रहस्य का पता लगाने के लिए छिपकर बैठ गया। रात में उसने देखा कि उसका

पड़ोसी कछुए का खोल कटोरे की तरह रख, कुछ माँग रहा है। उसके आश्चर्य की सीमा न रही, उस खोल में से अपने आप कोई चीज़ निकलने लगी। यह देखकर वह अचम्भित हुआ। अब वह खोल की चोरी की योजना बनाने लगा। देर रात जब उसका पड़ोसी सो गया, उसने खोल चुराया और घर की तरफ भागा। अब उसने उस बस्ती में रहना उचित न समझा। एक नाव किराए पर ली, उसमें थोड़ा-बहुत सामान रखा, भोजन की वस्तुएँ रखीं और रातों-रात भागने लगा। रास्ते में उसे भूख लगी। उसने भोजन का सामान निकाला। सामान में सब था। बस नमक लाना वह भूल गया था। अब बीच समुद्र में नमक कहाँ से आता? वह चिन्ता में पड़ गया। अचानक उसे खोल की याद आई। उसने कटोरे की तरह उसे रखा। आँख बन्द कर नमक के लिए प्रार्थना करने लगा। अब क्या था, उस खोलनुमा कटोरे से नमक निकलने लगा। वह बार-बार खाली करता, नमक फिर भर जाता। उसे यह ज्ञान नहीं था कि नमक निकलना बन्द कैसे हो। इस तरह नमक निकलता रहा। वह खोल को न तो फेंकना चाहता था न निकलते नमक को बन्द करने की उसे तरकीब मालूम थी। रात भर में इतना ज़्यादा नमक निकला कि नाव डूब गई।

अंदमान के लोगों का विश्वास है कि नमक अब भी निकल रहा है। समुद्र का जल भी इसी जादुई खोल से निकल रहे नमक की वजह से खारा हुआ है।

14
निकोबारी की उत्पत्ति कथाएँ

एक

सदियों पुरानी बात है। निकोबार द्वीप समूह के दक्षिण में स्थित किसी राज्य में मंगोल वंश का कोई राजा था। वह अपनी बेटी से अत्यधिक प्रेम करता था। उसे अपने वंश के यश और सम्मान पर बड़ा गर्व था। कहते हैं, राजा को उसके किसी विश्वस्त गुप्तचर ने सूचना दी कि राजकुमारी गर्भवती है। वह महल के किसी नौकर से चुपके-चुपके मिलती है। यह जानकर राजा क्रोध से पागल हो उठा। उसने नौकर की निर्मय हत्या करा दी और राजकुमारी को भयंकर सज़ा सुनाई। सज़ा भी यह कि एक नावनुमा मज़बूत लकड़ी का बक्सा बनाया जाए, जिसमें राजकुमारी को बन्द कर समुद्र में छोड़ दिया जाए, ताकि उनके वंश में फिर कोई ऐसी ओछी हरकत करने की हिम्मत न कर सके।

इस तरह सन्दूकनुमा एक नाव तुरत-फुरत तैयार की गई और रोती-बिलखती राजकुमारी को निर्दयतापूर्वक उसमें धकेल दिया गया। अपमान भरे व्यवहार के साथ उसे समुद्र में भाग्य के भरोसे छोड़ दिया गया। वह सन्दूक समुद्री लहरों में राजकुमारी के करुण क्रन्दन के साथ अनजाने गंतव्य की ओर चल पड़ा।

किंवदन्ती है कि यह सन्दूक निकोबार द्वीप कई दिनों की यात्रा के बाद पहुँचा। द्वीप एकदम निर्जन था। भयावह जंगल, जिसमें सूअरों का साम्राज्य था और जंगली हवाओं का डरावना शोर, राजकुमारी आतंक के बीच इसी द्वीप पर उतरी। अपने बच्चे की कल्पना में उसने जीने का कठिन अभ्यास किया। वह मछलियों का शिकार करती और जंगली फलों की खोज में भटकती रहती। रात गए एक सुरक्षित जगह में सो जाती। इसी तरह समय से लड़ते उसने एक सुन्दर पुत्र को जन्म दिया। वह उसके बड़े होने की प्रतीक्षा करने लगी। राजकुमारी ने बड़े प्यार से उसका लालन-पालन किया।

द्वीप में एकमात्र पुरुष अकेला उसका बेटा था। बेटा जवान हुआ। सृष्टि की अनोखी कथा। द्वीप में एकमात्र स्त्री थी—राजकुमारी। एक पुरुष था राजकुमार। माँ—राजकुमारी दुविधा में थी। बेटा उससे कहीं अधिक संकट और संकोच में। कई महीनों तक दोनों उधेड़बुन में रहे। एक मानसिक द्वन्द्व था जो दोनों के भीतर चल रहा था।

कहा जाता है कि माँ-बेटे ने अविश्वसनीय किन्तु ऐतिहासिक निर्णय लिया और उस निर्जन द्वीप में पति-पत्नी की तरह जीवन बिताने लगे। इन दोनों से उत्पन्न सन्तानें ही निकोबारी हुए, जो अब भी इस द्वीप में रहते हैं। अपने पूर्वजों से सुनी इस कथा का ज़िक्र करते हुए वे किसी ग्लानि का अनुभव नहीं करते, अपितु अपने को भाग्यशाली समझते हैं कि उनके माता-पिता ने इस द्वीप को संघर्ष के बीच ऐसा जीवन सौंपा जिसकी वजह से निकोबारी समुदाय सम्भव हो सका।

दो

बहुत पुरानी बात है। निकोबार द्वीप की दक्षिणी दिशा से यात्रियों से भरा एक जहाज़ यात्रा पर निकला। इसमें कई पुरुष थे जो नए जीवन की तलाश में निकले थे। समुद्र में उन्होंने कई दिनों तक यात्रा की। वे जगह-जगह रहने के लिए उपयुक्त जगह खोजते और असन्तुष्ट हो आगे बढ़ जाते। जब उनका जहाज़ चावरा द्वीप के पास से गुज़र रहा था कि एकाएक भयानक तूफान आया। मूसलाधार बारिश होने लगी। समुद्र अशान्त हो उठा। अकल्पनीय बड़ी-बड़ी लहरों ने जहाज़ को उछालना शुरू किया। कुछ ही घंटों में जहाज़ जगह-जगह से टूटने लगा। यात्री समुद्र में पत्तियों की तरह उछलकर गिरने लगे। जहाज़ में सवार स्त्री-पुरुषों ने जीवन-रक्षा के लिए तैरने की भरसक कोशिश की। कुछ तैर पाए, कुछ डूब गए और कुछ लहरों पर अचेत सवार आस-पास द्वीपों के किनारे जा लगे। जो जहाँ पहुँचा, भाग्य के भरोसे वहीं रहने को विवश हुआ।

कहा जाता है कि निकोबार द्वीप समूह के द्वीपों में, इन्हीं भटके हुए यात्रियों की सन्तानें हैं, जो अब निकोबारी के रूप में जानी जाती हैं। इनका चेहरा-मोहरा, रूप-रंग, नैन-नक्श मंगोल मूल के लगते हैं। यह समानता पूरे निकोबार द्वीप समूह में देखी जा सकती है।

तीन

निकोबारी समाज की उत्पत्ति की एक और रोमांचक कथा प्रचलित है। एक बार निकोबार द्वीप में भयानक वर्षा हुई। इतनी अधिक कि समूचा द्वीप जलमग्न हो उठा। बस विशाल पेड़ों का ऊपरी हिस्सा कहीं-कहीं नज़र आता था। द्वीप के सारे पशु-पक्षी पानी में डूब गए। इस विनाशलीला में किसी तरह एक व्यक्ति पेड़ की ऊँची शाखा पर पहुँचकर बच पाया। कई दिनों बाद तूफान रुका और जल-स्तर द्वीपभूमि तक पहुँचने लगा। इसमें कई दिन लग गए। वह व्यक्ति किसी तरह पेड़ की पत्तियों को खाकर जीवन की रक्षा करता रहा। पानी उतरने पर वह कीचड़ भरी धरती पर डरते-डरते उतरा और इधर-उधर भटकने लगा। उसे दूर-दूर तक न कोई मनुष्य, न पशु और न ही पक्षी दिखा। अपने भाग्य को कोसता वह जीवन की तलाश में इधर-उधर घूमने लगा।

कुछ दिनों बाद उसे एक तीखी मार्मिक चीख़ सुनाई दी। वह चीख़ को सुनकर हर्षित हुआ और उसी दिशा में दौड़ पड़ा। उसे एक पेड़ के आस-पास आ इकट्ठी हुई

झाड़ियों से किसी के रोने की आवाज़ सुनाई दी। वह भागकर उस ओर पहुँचा। उसने देखा, झाड़ियों में एक कुतिया थी। उसे बन्धन मुक्त किया और गोद में उठाकर चल पड़ा। अपने इस अकेले साथी को पाने पर वह अत्यन्त रोमांचित-पुलकित था।

कुतिया और वह व्यक्ति साथ-साथ रहने लगे। व्यक्ति ने एक झोंपड़ी बनाई और सुखपूर्वक रहने लगा। कुतिया क्या मिली उसे जैसे जीने का बहाना मिल गया। दोनों साथ शिकार पर जाते। एक साथ खाते और साथ-साथ सोते। व्यक्ति को कुतिया के स्पर्श, गन्ध और ताप के साथ रहने में अद्भुत सुख मिलता । कुतिया भी व्यक्ति के बग़ैर एक पल न रहती। दोनों में अद्भुत प्रेम हो गया, जैसे वे जन्म-जन्मान्तर के साथी हों। किंवदन्ती है कि दोनों में सम्बन्ध इस आत्मीय हद तक बढ़े कि उन्होंने पति-पत्नी के रूप में जीवन बिताना शुरू कर दिया। हालाँकि यह अविश्वसनीय लगता है, किन्तु निकोबारी समाज के एक समुदाय का विश्वास है कि वे इन्हीं दोनों की सन्तानें हैं।

15
नाच

हज़ारों साल पहले की बात है। मलाका में बौनों की दुनिया थी। वे समुद्र के किनारे एक गहरी दरार में प्रसन्नता से रहते थे। जब कभी ज़रूरत होती, बौने बाहर निकलते और फिर दरार में समा जाते। एक बार पास के गाँव के कुछ लोग घूमते-घामते उस दरार के पास जा पहुँचे। दरार में गहरा अन्धकार था। गाँववालों ने उत्सुकता में दरार में उतरने की कोशिश की। किन्तु सफल न हो सके। उन्होंने नारियल के पत्तों की मशाल बनाई। उसे जलाया और दरार में उतरने लगे। दरार में उन्हें कई पेड़ दिखे। उनमें बहुत सारे फल लगे थे। पेड़ के नीचे बहुत से अंडे थे। उनको लालच हो आया। सबने वहाँ से फल तोड़े। अंडे चुराए। और ऊपर निकल आए। सब लोग खाकर मस्त हो उठे। उन्हें चोरी की आदत पड़ गई। दो-चार दिन में आते और सामान बटोरकर लौट जाते। बौने लगातार बढ़ती इस चोरी से चिन्तित हो उठे।

बौनों के सरदार ने कहा—"हमें रोज़ पहरा देना चाहिए। जब चोर आएगा तो उससे बात करेंगे। अगर वह नहीं माना तो उसे हराएँगे।" बौनों ने पूछा—"सरदार, शर्त क्या रखी जाए। अगर वह ताकतवर हुआ तो?" सरदार ने उन्हें भरोसा दिया कि सब ठीक हो जाएगा। पहले चार-चार लोग पहरा देना शुरू करो। पहरेदारी शुरू हुई। तीन दिन बाद ही मलाका के लोग फिर चोरी करने जा पहुँचे। बौनों ने सरदार को ख़बर दी। सरदार बहुत से बौने सहित वहाँ पहुँच गए। उन्होंने देखा, चोर तो बड़े क़द-काठी के लोग हैं। इनसे युद्ध करना सम्भव नहीं। सरदार चिन्ता में पड़ गया। अचानक उसे एक युक्ति समझ में आई। सरदार ने कहा—"तुम हमारे फल, हमारे भोजन के अंडे चुराकर ले जाते हो, यह ठीक नहीं। इस जगह पर हमारा अधिकार है।"

गाँव का एक व्यक्ति बोला—"हमने भी इस जगह को कठिनाइयों से ढूँढ़ा है। हमारा भी अधिकार बनता है। हमें कोई नहीं रोक सकता।"

सरदार ने कहा—"अगर कोई तुम्हारे गाँव से सामान उठाना शुरू कर दे, तो क्या तुम उसे ले जाने दोगे?"

"यह कैसे हो सकता है? गाँव पर हमारा अधिकार है।" एक गाँववाला बोला।

"उसी तरह यह हमारा गाँव है। इस पर हमारा अधिकार है, लेकिन एक शर्त पर

हम तुम्हें अंडे और फल ले जाने देंगे।" सरदार ने कहा।

"क्या शर्त है?" उस व्यक्ति ने पूछा।

सरदार ने बताया—"अगर तुम सभी हमारे बौनों को नाच में हरा दो, तो हम तुम्हें यह अधिकार दे देंगे।"

मलाका गाँव के सभी लोगों ने यह शर्त मंजूर कर ली। नृत्य शुरू हुआ। चूँकि उस दरार की भूमि ऊबड़-खाबड़ थी, इसलिए वे नाच नहीं पा रहे थे। जबकि बौनों को उस जगह में नाचने की आदत थी। कुछ समय बाद गाँव के लोग थकने लगे। लेकिन बौनों में मस्ती थीं। वे नाचे जा रहे थे। उन्हें गाँववालों को हराने में मज़ा आ रहा था। आख़िर गाँववाले थक गए। उन्होंने हार मान ली। सरदार अपनी समझ पर प्रसन्न था। उसने बौनों की परेशानी का जो हल सोचा, वह सही था। सरदार ने गाँववालों को बहुत से फल और अंडे देकर विदा किया। बौने फिर से सुखपूर्वक रहने लगे।

16

नारियल की कहानी

निकोबारियों का मुख्य जीवनदायक फल है—नारियल। कार-निकोबार अपनी अन्य पारम्परिक विशेषताओं के अलावा नारियल उत्पादन के लिए विख्यात है। कहते हैं, पहले यहाँ नारियल के वृक्ष के जन्म की एक जादुई कथा है जो अब भी सुनाई जाती है। पुराने ज़माने में कार-निकोबार के 'एकला मेरो' नामक स्थान में दो दोस्त रहते थे। एक का नाम था असंगीतोसंग और दूसरे का नाम था—एनालो। दोनों एक दूसरे के जीवन के जैसे अविभाज्य अंग थे। एक साथ रहना, खाना-पीना और काम करना। दिन भर मजूरी करते और जो कुछ मिलता, उसी से गुजर-बसर कर लेते।

एक बार कार-निकोबार में भीषण अकाल पड़ा। चारों तरफ विशाल समुद्र के बावजूद मीठे पानी की एक-एक बूँद के लिए लोग तरसने लगे। कुएँ, बावलियाँ और झरने सूख गए। लोग-बाग़, पशु-पक्षी पानी की तलाश में भटकने लगे। दूर-दूर तक कहीं पानी न था। एक-एक कर लोगों के मरने की सूचनाएँ दौड़ने लगीं। हर तरफ हाहाकार मच गया।

दोनों दोस्तों में असंगीतोसंग जादूगर था। उसकी बड़ी ख्याति थी। वह हमेशा अविश्वसनीय करतबों के लिए मशहूर था। दूर-दराज़ के लोग उसकी कला को देखने जुटते। अकाल की भीषणता के बीच असंगीतोसंग विचलित न हुआ। उसका चेहरा पूर्व की भाँति शान्त था। वह रोज़ की तरह काम निपटाता। एक सुबह दोनों मित्रों को घास काटने के लिए निकलना था। दाँव को निकालकर एनालो ने देखा तो उसमें कम धार थी। इसमें धार देना ज़रूरी था। किन्तु पानी न होने पर वह दुविधा में था। घर से समुद्र इतना दूर था कि आने-जाने में घंटों लग जाते। मित्र को संकट में देख असंगीतोसंग ने कहा—"तुम चलने के लिए बाक़ी तैयारी करो, मैं पानी की व्यवस्था करता हूँ।" इतना कहकर वह समीप के जंगल की ओर गया। वहाँ उसने अपनी कोहनी से ज़मीन को रगड़ा ही था कि पानी निकल आया। वह तुम्बी में पानी ले मित्र के पास लौट आया। उसके चेहरे पर एकदम निश्चिन्त भाव थे। एनालो को जहाँ बड़ा अचम्भा हुआ वहीं मन को ठेस लगी कि उसके मित्र ने यह रहस्य उससे छुपाए रखा। उसे क्रोध हो आया। एनालो ने क्रोध के भाव दबाते हुए पूछा—"यह पानी कहाँ से आया जबकि

पूरा कार-निकोबार एक-एक बूँद के लिए तरस रहा है। जाने कितने लोग मर चुके हैं। हम चाहते तो अपने सगे-सम्बन्धियों को बचा सकते थे।" असंगीतोसंग ने जवाब दिया—"भई, तुम्हें आम खाने से मतलब है सो पानी हाज़िर है। बेकार की बहस से क्या मतलब। चलो, अपने काम पर निकलें।" एनालो का गुस्सा जैसे फट पड़ा। दोनों में तू-तू मैं-मैं होने लगी। एनालो रहस्य के लिए इतना आकुल था कि उसे बचपन की दोस्ती दाँव पर लगाने में हिचक नहीं हुई। वह अपने दोस्त से लड़ाई में इस हद तक उतर आया कि हत्या की धमकी देने लगा। लेकिन असंगीतोसंग अपनी कला के धर्म से बँधा था। उसने रहस्य बताने से इंकार कर दिया। एनालो का अब तक का सब्र जाता रहा। उसने पास रखी कुल्हाड़ी उठाई और एक ही वार में असंगीतोसंग का सिर धड़ से अलग जा पड़ा। उसे सहसा चेतना आई लेकिन तब तक बहुत देर हो चुकी थी। एनालो ने आनन-फानन में दोस्त के धड़ को दफनाया और सिर को घर में ले जाकर एक खूँटे से टाँग दिया। वह अपने मित्र की याद इस बहाने जीवित रखना चाहता था।

वह अपने कर्म पर बेहद दुखी था। किसी तरह काम में अपना मन लगाता, लेकिन मित्र का चेहरा उसकी आँखों में घूमता रहता। दिन तो किसी तरह कट जाता रात में वह भयभीत हो उठता। आधी रात के आस-पास अचानक असंगीतोसंग का सर जीवित हो उठता। वह अपने मित्र से बतियाने लगता। वह कहता—"मैं मरा कहाँ हूँ? मैं आख़िरी दम तक तेरे साथ रहूँगा।" एनालो घबरा उठता। उसे लगता, सब कुछ सामान्य हो जाएगा। ऐसा नहीं हुआ। असंगीतोसंग रोज़ देर रात गए बोलने लगता। एनालो को लगा अब उसकी ख़ैर नहीं। वह अपने अपराध बोध में डूबा हुआ था। उसके मन में विचार उठा। क्या भरोसा असंगीतोसंग कभी अवसर पाकर हत्या का बदला निकाले। मन में यह सन्देह जागते ही एनालो दूसरे दिन घर छोड़कर दूसरे गाँव चला गया। वहाँ जाकर उसने विवाह कर लिया और पत्नी-सुख में सब कुछ भूलने लगा। कोई साल भर में उसकी पत्नी ने एक सुन्दर कन्या को जन्म दिया। घर में खुशियाँ बढ़ गईं। उसकी बेटी अत्यन्त सुन्दर थी। हर समय मुस्कुराती रहती। न केवल पति-पत्नी वरन् पूरा गाँव बच्ची पर जैसे जान छिड़कते। दिन भर बच्ची को खिलाने का मेला सा लगा रहता। एनालो और उसकी पत्नी बच्ची के आने से बड़े प्रसन्न थे। एनालो भी जैसे अब सब कुछ भूल चुका था। वह इस बीच लौटकर कभी अपने घर नहीं गया। समय पंख लगाकर उड़ता रहा। बच्ची अब एक सुन्दर युवती हो चुकी थी। एनालो को लगा कि अब लड़की का विवाह किसी सुन्दर युवक से कर देना चाहिए। वह वर की तलाश में घूमने लगा। कोई उपयुक्त वर न मिल सका।

समय को किसने जाना कि कब क्या घट जाए? ऐसा ही एनालो के जीवन में घटा। जैसे उसके हँसते-बोलते परिवार में भूचाल आ गया, जो थमने का नाम न लेता। उसकी बेटी बीमार हो गई। इतनी बीमार कि उस पर किसी दवा का असर न होता। एनालो तो मानो पागल सा हो गया। वह इलाज़ के चक्कर में जगह-जगह भटकता। जहाँ से

कोई ख़बर मिलती, बेटी को लेकर दौड़ पड़ता। लेकिन कोई इलाज़ बेटी पर असर न करता। वह दिन-रात सिर्फ़ रोता रहता।

एक रात उसे लगा, असंगीतोसंग का खूँटे से टँगा सिर कुछ बोलना चाहता है। एनालो जैसे सुनने के लिए कोशिश करने लगा। आवाज़ धीमी और कमज़ोर थी। असंगीतोसंग का स्वर जैसे उभर रहा हो—"एनालो, घबराओ मत! तुम कल सूरज निकलने के पहले मेरे खूँटे से टँगे सिर को धरती में गाड़ देना। फिर उस जगह एक पेड़ उगेगा। उसमें जो फल लगे, उसके भीतर पानी होगा। उसे बेटी को पिला देना। वह स्वस्थ हो उठेगी।" इतना कहकर असंगीतोसंग का सिर चुप हो गया।

एनालो की आँखों से आँसू बह निकले। वह पुरानी बातों और अपनी भूल पर विलाप करने लगा। उसके पश्चात्ताप की सीमा न थी। वह तुरन्त उठा और पुराने गाँव एकलामेरो की तरफ़ चल पड़ा। वह बस रोता ही जा रहा था। पुराने घर पहुँचकर, दरवाज़ा खोल वह खूँटे के पास पहुँचा। असंगीतोसंग का सिर वैसा ही टँगा था। बस आँसू थे और प्यार। दोनों के बीच घंटों कोई संवाद न था। आख़िर भोर के खटके में असंगीतोसंग बोला—"एनालो, अब समय होने को है। जैसा कहा वैसा करो। मैं अपनी कला इस दुनिया को सौंप रहा हूँ। यह काम भी तुम्हारे ज़रिए होगा, इसकी मुझे प्रसन्नता है।" एनालो बस रोता रहा और इसी बीच उसने असंगीतोसंग के सिर को धरती को सौंप दिया। कुछ दिनों बाद वहाँ एक पौधे ने जन्म लिया जो जादुई ढंग से बढ़ने लगा। उसमें जब पहला फल आया तो एनालो ने उसे तोड़कर भीतर के पानी को अपनी बेटी को पिला दिया। पानी पीते ही उसकी बेटी जादुई ढंग से स्वस्थ होने लगी। घर में खुशियाँ लौट आईं।

निकोबारियों का विश्वास है कि यह वही नारियल का पेड़ है, जो असंगीतोसंग के बलिदान से उत्पन्न हुआ है, और नारियल के रूप में निकोबारियों का अब जीवन-फल है। इसके पूर्व कार-निकोबार में नारियल का कोई अस्तित्व न था।

17
दुष्ट जादूगर

सदियों पुरानी कथा है। लूरो नामक गाँव में एक जादूगर रहता था। वह बड़ा दुष्ट था। लोगों को तरह-तरह से डराता था। उनके कामों में अड़चनें डालता था। भयवश लोग उसे खुश करने के लिए भेंट दिया करते थे। किन्तु वह प्रसन्न नहीं होता, हर समय तरह-तरह की माँग किया करता। उसकी पत्नी भी उसके व्यवहार से अत्यन्त दुखी थी। वह एक नेक और ईमानदार स्त्री थी। पति की शिकायतों से वह तंग आ चुकी थी।

जादूगर जिसका नाम हम-कु था, एक दिन अपने पड़ोसी पर क्रोधित हो उठा। पड़ोसी जिसका नाम ओ-कमु था, अत्यन्त दुखी हुआ। वह अगर जंगल जाता, जादूगर उसके पीछे हो लेता। ओ-कमु समुद्र में शिकार के लिए निकलता, जादूगर वहाँ भी पीछा न छोड़ता। एक दिन वह सुबह-सुबह जंगल के रास्ते समुद्र की तरफ़ गया। नारियल तोड़ने वह पेड़ पर चढ़ा। हम-कु उसके पीछे-पीछे पेड़ों तक पहुँच गया। ओ-कमु जिस नारियल को तोड़ता, वह पुनः अपनी जगह जा चिपकता। उसने कई नारियल तोड़े। सारे नारियल बार-बार अपनी जगह जा लगते। दोपहर हो गई। वह एक भी नारियल नहीं तोड़ सका। अन्त में परेशान हो, उसने मछली मारने का प्रण किया।

समुद्र किनारे उसने जाल डाला और मछलियों के फँसने की प्रतीक्षा करने लगा। मछलियाँ जाल में फँसतीं और वह उन्हें निकालने की कोशिश करता। उसके दुख और आश्चर्य का ठिकाना न रहा, हर मछली जाल से निकलकर उछलती और समुद्र में जा मिलती। शाम हो गई, किन्तु वह एक भी मछली न पकड़ सका। हताश वह घर लौटने लगा। रास्ते में उसे जादूगर हँसता-खिलखिलाता मिला।

कई दिन यही सिलसिला चलता रहा। ओ-कमु का पूरा परिवार भूख से बेहाल रहने लगा। जादूगर की पत्नी ने बहुत समझाया। किन्तु जादूगर पर कोई असर न हुआ। गाँव के लोग भी दुखी हो उठे। उन्हें क्रोध भी आता लेकिन डर की वजह से कुछ न कह पाते।

ओ-कमु एक दिन जमीकन्द खोदने जंगल गया। एक पेड़ के नीचे उसने जमीकन्द खोदना शुरू किया। काफी गहरे खोदने पर उसे कई जमीकन्द मिले। वह उन्हें निकालने लगा। आठ-दस जमीकन्द मिल जाने पर उसने खोदी गई ज़मीन को मिट्टी से ढँक

दिया। एक-एक कर उसने जमीकन्द टोकरी में भरना शुरू किया। जैसे ही वह जमीकन्द टोकरी में डालता, थोड़ी देर बाद वह गायब हो जाता। जादूगर जो पेड़ की आड़ में खड़ा था, हर जमीकन्द के गायब होने पर हँसता। ओ-कमु को रोना आ गया। पेड़ के पास ही एक साँप था जो सब कुछ देख रहा था, उसे जादूगर की दुष्टता पर क्रोध आ गया। वह फुँफकारता हुआ जादूगर के पास पहुँचा और चेतावनी दे डाला। किन्तु जादूगर हठ में मगन रहा, उसना हँसना बन्द न हुआ। साँप ने क्रोध में आकर उसे डँस लिया। जादूगर तड़पने लगा। और कुछ देर बाद वह शान्त हो गया। ओ-कमु को जादूगर की मौत पर गहरा अफ़सोस हुआ। उसे लगा, जैसे जादूगर उसकी वजह से मारा गया। ओ-कमु ने साँप से प्रार्थना की। साँप ने कहा—"ऐसे दुष्ट व्यक्ति का मर जाना ही दुनिया के लिए बेहतर है।" किन्तु ओ-कमु ने उसे एक और अवसर देने की विनती की। साँप ने कहा—"इसे पेड़ पर उल्टा लटका दो, तीन दिन के बाद यह फिर जी उठेगा।" ओ-कमु ने ऐसा ही किया और गाँव लौट गया। जादूगर की पत्नी और गाँववालों को उसने पूरी घटना सुनाई। किसी ने भी जादूगर के प्रति कोई सहानुभूति नहीं दिखाई, सब चुप रहे।

तीन दिन बाद जादूगर लौट आया। उसकी पत्नी ने एक बार फिर समझाने का प्रयत्न किया, किन्तु जादूगर बाज नहीं आया। उसने गाँववालों को चेतावनी दी, उन्हें डराया-धमकाया और कहा अगर वह फिर से मारा जाता है तो उसे दफना दिया जाए, फिर तीन दिन बाद उसके शरीर को निकाल लिया जाए। वह जीवित हो उठेगा। पत्नी ने भी उसकी इस बात को सुना और चुप रही।

तीन-चार माह बाद उसकी हरकतों से परेशान हो, गाँववाले उसी साँप के पास पहुँचे। उन्होंने मदद माँगी। साँप बेहद दुखी हो उठा, उसने जादूगर को समझाया। उसे फिर चेतावनी दी। किन्तु वह अपनी ज़िद पर अड़ा रहा। साँप क्रोधित हो उठा। उसने गाँववालों के दुखी चेहरे देख, क्रोध में उस जादूगर को पुनः डँस लिया। जादूगर तड़पता रहा और कुछ देर बाद मर गया। साँप चुपचाप लौट गया। गाँववालों ने उसे दफना दिया और जादूगर की पत्नी के पास पहुँचे। घटना को सुनकर वह दुखी नहीं हुई। उसका चेहरा कठोर हो गया। गाँव के लोग घबरा उठे। किन्तु उसने अत्यन्त शान्त स्वर में कहा—"मेरे पति के शरीर को अब तीन दिन बाद कोई न निकाले। उसके जीवन का कोई अर्थ नहीं। मैं बिना पति के जी सकती हूँ। ऐसे दुष्ट व्यक्ति की पत्नी होने से तो विधवा होना ज़्यादा अच्छा है।" इतना कहकर वह घर में चली गई। गाँववाले उसकी नेकदिली की तारीफ़ करते हुए घर लौट गए। गाँव में सुख-शान्ति लौट आई।

18

सज़ा

चमगादड़ एक ऐसा प्राणी है जिसे न पक्षी माना जाता है न जानवर। बहुत समय पहले यानी जब यह दुनिया बनी, चमगादड़ चतुराई से कभी पक्षियों की तरफ़ चला जाता तो कभी जानवरों में शामिल हो जाता। जहाँ उसे लाभ मिलता, वह उन्हीं की तरफ बोलने लगता। धीरे-धीरे उसमें धूर्तता बढ़ती गई। धूर्तता के कारण वह कभी पकड़ में न आता। पक्षियों की बुराई जानवरों से करता, तो जानवरों की हरकतों से पक्षियों को सावधान करता। उसके कारण पक्षियों और जानवरों से शत्रुता बढ़ती गई।

एक बार पक्षियों और जानवरों में लड़ाई छिड़ गई। कभी जानवर जीतते, कभी पक्षी बाजी मार ले जाते। दुश्मनी इतनी बढ़ी कि लड़ाई बन्द न हुई। कई पक्षी मारे गए, कई जानवर भी घायल हुए।

चमगादड़ चतुर और धूर्त था। जब जानवर जीत रहे होते, तो वह उनकी ओर चला जाता और कहता—"मैं पक्षियों से घृणा करता हूँ। असल में मैं भी आपकी जाति का हूँ। देखो! मेरे कान हैं, नाक है और मैं भी अपने बच्चों को तुम्हारी तरह दूध पिलाता हूँ।"

जानवर उसके बहकावे में आ जाते और उसे अपनी जाति का समझकर प्यार करते।

जब कभी पक्षी जीतने लगते, तो वह चुपके से पक्षियों में जा पहुँचता और उन्हें समझाता—"मैं तुम्हारी जाति का हूँ। मेरे पंख हैं, मैं उड़ सकता हूँ। मैं पेड़ पर तुम्हारी तरह रहता हूँ।" भोले-भाले पक्षी उसकी बात में आ जाते और अपने बीच रखने लगते। चमगादड़ अपनी चालों में निपुण था। वह दोनों के बीच लड़ाई करवाता। दोनों की प्रशंसा करता और दोनों जगह से लाभ बटोरता। चमगादड़ की इस चाल को एक लोमड़ी ने भाँप लिया। उसने सारे जानवरों को सतर्क किया और पक्षियों को भी अगाह कर दिया। अब जानवर और पक्षियों ने सच्चाई का पता लगाना शुरू किया। लोमड़ी बोली—"भाई चमगादड़! तुम हमारी जाति के हो, इसलिए अब हमारे साथ रहो। बीच-बीच में तुम हमें छोड़कर चले जाते हो। हमें तुम्हारी चिन्ता रहती है, कहीं पक्षी तुम्हें मार न दें?" फिर यही बात लोमड़ी के कहने पर पक्षियों ने भी दोहराई। अब क्या

था, चमगादड़ की पोल खुल गई। पक्षी और जानवर एक जगह एकत्रित हुए और उन्होंने चमगादड़ को सच्चाई बताने को कहा। उसने अपनी गलती मान ली। दोनों पक्षों ने आपस में विचार किया और फैसला सुनाया—"चमगादड़ की गिनती अब न तो जानवरों में होगी न पक्षियों में। वह हमारे बीच नहीं रहेगा। अगर दिन में वह दिखाई देगा तो उसे पक्षी या जानवर कोई भी सज़ा दे सकता है। फिलहाल इसे पेड़ पर उल्टा लटका दो।"

उसी समय से चमगादड़ रात में जागता है और दिन में उल्टा लटका हुआ दिखाई देता है। अपनी चालाकी की सज़ा कई हज़ार वर्षों के बाद भी चमगादड़ की सन्तानें भुगतती आ रही हैं।

19
चाँद का धब्बा

पिलोमिलो गाँव में एक दुष्ट स्त्री थी। उसका नाम कोलेन था। उसकी तीन बेटियाँ थीं। दो सौतेली और एक सगी। वह अपनी बेटी को बहुत प्यार करती थी। सौतेली बेटियों को वह न ढंग से खाना देती थी न कपड़े। उन्हें बहुत मारती थी। खूब काम करवाती थी और कुत्तों को दिया जानेवाला बासी खाना खिलाती थी।

उन दोनों बहनों के नाम थे—टाकेन और टोपन। तीसरी का नाम वामीरो था। तीनों रोज़ जंगल में लकड़ियाँ बीनने जातीं थीं। वामीरो जंगल में पहुँचकर सो जाती। सारा काम टाकेन और टोपन के सिर आ जाता। किन्तु वे कुछ न बोल पातीं। वामीरो घर पहुँचकर नई-नई शिकायतें करती। दुष्ट माँ उन्हें पीटती। टाकेन और टोपन बहुत तंग होने लगीं। एक दिन उन्होंने चुपके से घर छोड़ देने की योजना बनाई।

एक रात चुपके से वे जंगल की तरफ भाग खड़ी हुईं। उन दोनों ने अनजाने रास्ते पर चलना शुरू किया। बिना रुके वे चलती रहीं। जहाँ थक जाती, सुस्ता लेतीं। जो कुछ मिल जाता, खातीं और आगे बढ़ जातीं। रात होने लगी थी। पक्षी घोंसलों में लौट गए थे। उस पेड़ पर एक घोंसला था, जिसमें चिड़ा-चिड़िया बैठे थे। चिड़ा ने कहा—"ये लड़कियाँ परेशान हैं। इनकी माँ इन्हें बहुत सताती है। लेकिन इनके अच्छे दिन आ सकते हैं।"

चिड़िया ने पूछा—"यह कैसे हो सकता है। कुछ मालूम हो तो बताओ?"

चिड़ा बोला—"इस पहाड़ के पीछे पीपल का एक पेड़ है। उसमें एक मकड़ी का बड़ा जाला अटका है। अगर ये उसमें बैठ जाएँ तो सीधे चाँद में पहुँच सकती हैं। वहाँ ये परियाँ बन जाएँगी। लेकिन मकड़ियों से डरें न।" चिड़िया यह सुनकर बड़ी प्रसन्न हुई। दोनों लड़कियों ने भी यह बात सुनी। उनकी खुशी का ठिकाना न रहा। वे पहाड़ की तरफ चल दीं। रात भर चलने के बाद उन्हें पहाड़ दिखा। वे उस पर चढ़ने लगीं। शाम तक वे पहाड़ की चोटी पर जा पहुँचीं। अब उन्होंने दूसरी तरफ पीपल का पेड़ ढूँढ़ना शुरू किया। शाम होने लगी। चाँद का उजाला फैलने में समय था। किन्तु वे चल रही थीं। उन्हें पेड़ की तलाश थी। कुछ घंटों में उन्होंने पेड़ ढूँढ़ लिया। चाँद निकल आया था। मकड़ी का जाला पेड़ से लटका था। उसमें कई मकड़ियाँ थीं। टाकेन जहाँ

खुश हुई, टोपन मकड़ियों को देखकर डर गई। टाकेन ने दिलासा दिया। उसे सँभालकर वह पेड़ पर ले गई। टाकेन ने हिम्मत बँधाते हुए कहा—"हमारे अच्छे दिन आने को हैं। अतः घबराना मत। हिम्मत कर मेरे साथ जाला पर कूद पड़ना। आँख बन्द कर लेना, ताकि मकड़ियों का डर न लगे।" टोपन से सिर हिलाया।

दोनों आँखे बन्द कर जाल में कूद पड़ीं। टाकेन की आँखें बन्द थी। लेकिन टोपन ने डरकर आँखें खोल दीं। उसने सारी मकड़ियों को अपनी तरफ आते देखा और इधर-उधर बचने लगी। जाला उठने लगा। टाकेन ने जहाँ आँखें बन्द कर जाला को मजबूती से पकड़ रखा था। वहीं डर के मारे टोपन की पकड़ जाल पर से छूटती जा रही थी। मकड़ियों के डर से उसके हाथ से जाला छूट गया और वह धरती पर जा गिरी। टाकेन चाँद पर जा पहुँची। जब उसने अपनी बहन को साथ में नहीं पाया तो वह दुखी हो गई। उसका मन भर आया। चूँकि वह अपनी बहन को बहुत चाहती थी, अतः वह चाँद के दरवाज़े पर खड़ी उसकी बाट जोहने लगी।

चाँद में जो धब्बा दिखाई पड़ता है, वह टाकेन है। पिलोमिलो गाँव के लोग कहते हैं, वह अभी तक अपनी बहन टोपन की बाट जोह रही है।

20
पहाड़ और परी का सपना

बहुत पुरानी बात है। एक बहुत बड़ा पहाड़ था। दूर-दूर तक फैला। लेकिन बिल्कुल वीरान था। न पेड़-पौधे थे, न नदी-नाले, और न ही जानवर। आदमी का दूर-दूर तक कोई पता न था। इतना विशाल होने के बावजूद पहाड़ अकेला था। उसे अपनी वीरानी का गहरा दुख था।

पहाड़ रोज़ सपने देखता। वह सोचता, कितना अच्छा हो कि पहाड़ हरियाली से भर उठे। पेड़-पौधे लहराएँ। हौले-हौले हवा चले। पेड़-पौधे झूमें। आपस में बतियाएँ और पक्षी चहकें। गाना-गाएँ। जानवर दौड़ लगाएँ, मस्ती करें। लेकिन उसका सपना, रोज़ सपना बना रहता। एक रोज़ कुछ परियाँ वहाँ से गुज़रीं। उन्हें पहाड़ के सपने का पता चला। उनका मन सपना पूरा करने के लिए ललक उठा।

आसमान से सबसे पहले हरी परी उतरी। उसने पहाड़ को हरियाली से भर दिया। जगह-जगह पेड़-पौधे। छोटी-छोटी झाड़ियाँ और नरम-नरम दूब। फिर नीली परी उतरी और उसने तलहटी के पास से समुद्र बनाया, उसे नीले कच्च पानी से भरा। उसकी लहरें किनारों पर खेलने लगीं। फिर लाल, पीली और गुलाबी परियाँ आईं। उन्होंने पौधों में रंग-बिरंगे सुन्दर फूल उगा दिए। पूरा पहाड़ फूलों से सज उठा।

अब भूरी परी आई और उसने ढेर से हिरन बनाए। वे कूदने-फाँदने लगे। फिर आसमान से सफेद परी उतरी। उसके हाथों में पक्षी थे। उसने असंख्य पक्षी पहाड़ पर छोड़ दिए। हर तरफ पक्षी उड़ रहे थे। उनकी आवाज़ों से पूरा पहाड़ गूँज उठा। पशु-पक्षियों की आवाज़ सुनकर पहाड़ जाग उठा। उसने चारों तरफ आँखें घुमाईं। हर तरफ हरियाली, पेड़-पौधे, पशु-पक्षी और समुद्र को देखकर उसका मन प्रसन्न हो उठा।

पहाड़ के जागते ही परियाँ आसमान में गायब हो गईं। परियाँ पहाड़ को और सजाना चाहती थीं, किन्तु पहाड़ के जागने से काम पूरा न हो सका। परियों की राजकुमारी आसमान से उतर न सकी। सपने से जगने के बाद पहाड़ को कभी सपना भी न आया। कहते हैं कि परियों की राजकुमारी अभी भी पहाड़ के सपने की प्रतीक्षा में है। उनकी इच्छा है कि वह उस पहाड़ पर बच्चों को लाए और पूरी दुनिया बनाए। बिना बच्चों के पहाड़ सूना है। लेकिन पहाड़ को तसल्ली है कि उसकी गोद में हरियाली

और पशु-पक्षी तो हैं। मग़र अफसोस भी कचोटता है कि उसे अब सपने नहीं आते। वह इतने में ही ख़ुश हो उठा, बहुत ख़ुश।

राजकुमारी बिना सपने के बच्चों को ला नहीं सकती। राजकुमारी अभी भी चाहती है कि पहाड़ को फिर सपना आए और वह सपने में बच्चों से पहाड़ को सजा दे ताकि उसका भी सपना पूरा हो।

21

सूर्यग्रहण-चन्द्रग्रहण

निकोबार द्वीप समूह में एक पर्व मनाया जाता था 'कुन-सेन-से'। इस पर्व के लिए लोग जंगल से फल-फूल चुनने जाते थे और अपने-अपने बगीचों से सब्जियाँ। कई दिनों पूर्व, पर्व के लिए तैयारियाँ शुरू हो जाती थीं। एक अद्भुत उत्साह होता था लोगों में। इन दिनों सूर्य और चन्द्रमा को विशेष रूप से श्रद्धापूर्वक याद किया जाता था। उत्सव दिन में होते थे और रात में भी ताकि सूर्य और चन्द्रमा को प्रसन्न किया जा सके। 'कुन-सेन-से' शुक्ल पक्ष में आयोजित होता था।

युगों पहले, एक बार इस पर्व की तैयारियों में निकोबारी व्यस्त थे। लोग कई दिनों से सामग्री बटोरने जंगल जा रहे थे। जब वे सामान जुटा जंगल से खुशी-खुशी लौट रहे थे तो उन्हें प्यास लगी। आस-पास कोई झरना अथवा बावली न थी। लोगों को नारियल पानी से प्यास मिटाने की बात सूझी। उनमें से एक व्यक्ति जो अधिक फुर्तीला और चालाक था, नारियल के पेड़ पर लंगूर की तरह जा बैठा। वह अपने दाँव से नारियल तोड़कर नीचे फेंकने लगा। लोगों ने छककर नारियल का पानी पिया और प्यास बुझाई। बाद में लोगों ने उसे नीचे उतर आने को कहा। उस व्यक्ति ने कहा—"तुम सब जाओ! मैं दो-तीन दिन बाद लौटूँगा।" उसके साथियों ने कारण पूछा तो व्यक्ति ने बताने से इन्कार कर दिया। उसकी पत्नी भी मिन्नतें करती रही लेकिन वह नहीं माना। हार-थककर सब लौटने लगे। पत्नी रूँआसी-सी खड़ी रही तो उसने फिर कहा—''तुम जाओ! मैं नारियल के फूल चुन-चुनकर खाऊँगा और सर्वशक्तिशाली बनकर लौटूँगा। मैं इस बार सूअर युद्ध में सबको पराजित करना चाहता हूँ।'' पत्नी ने कहा—''तुम जानते हो, ऐसा करना छल है। सूर्य और चन्द्रमा तुम्हें कभी माफ़ नहीं करेंगे इसलिए मैं फिर कहती हूँ, लौट आओ। छल से शक्ति पाना पाप है।" किन्तु वह अपनी ज़िद पर अड़ा रहा। पत्नी हार मानकर पश्चात्ताप करती लौट गई। वह व्यक्ति तीन दिन तक नारियल के फूल चुन-चुनकर खाता रहा। दो-एक बार पेड़ ने उसे मना किया, लेकिन वह कहाँ मानने लगा। पेड़ आख़िर कब तक धैर्य रखता, उसने चेतावनी दी—"अगर तुम तुरन्त यह जगह छोड़कर नहीं गए तो शाप के भागीदार होगे। मैं यह शाप सूर्य और चन्द्रमा का आह्वान करके दूँगा और तुम बच नहीं सकोगे।" व्यक्ति ठठाकर हँस

पड़ा और खिल्ली उड़ाने लगा। उसने हँसते हुए कहा—"भले ही शाप मिले, लेकिन तीन दिन बाद मैं इतना शक्तिशाली हो जाऊँगा कि सब मुझसे डरेंगे। ईश्वर का यही वरदान है और तुम ईश्वर से बड़े नहीं। मैं फिर तुम्हारे या सूर्य-चन्द्र के शाप से क्यूँ डरूँ?" इतना सुनते ही पेड़ को क्रोध हो आया, उसने शाप दिया—"जा पेड़ से उतरकर तू ऐसा जीव बनेगा कि अपनी भूख के लिए जंगल-जंगल भटकेगा। तेरा शरीर इतना विशाल होगा कि तू भाग न सकेगा। भूख इतनी ज़्यादा होगी कि कई-कई दिनों तक शिकार न मिलने से भूख में तड़पना पड़ेगा।" पेड़ ने इतना कहकर सूर्य और चन्दमा का स्मरण किया। वह व्यक्ति जब तीन दिन बाद पेड़ से उतरा तो अजगर बन गया, एक विशाल अजगर जो घिसट-घिसटकर चलता था। उसमें शक्ति तो बहुत थी, लेकिन उसका उपयोग शिकार के अलावा कुछ न था। अपनी यह दुर्दशा देख वह व्यक्ति बहुत क्रोधित हुआ। उसे लगा सूर्य और चन्द्रमा ही इस शाप की जड़ में है। तब से दुष्ट अजगर बना व्यक्ति सूर्य और चन्द्रमा को खाने की प्रतीक्षा में रहता है।

निकोबारियों का मानना है कि जब वह सूर्य को खा लेता है तो सूर्यग्रहण होता है और चन्द्रमा को खाता है तो चन्द्रग्रहण। अपने समाज के व्यक्ति के इस दुष्कृत्य से निकोबारी दुखी हुए और उन्होंने अपने को अपराधी मानते हुए इन पर्वों को मनाना युगों पहले बन्द कर लिया। लेकिन चन्द्रग्रहण और सूर्यग्रहण होने पर यह कथा वे अपने बच्चों को अब भी सुनाते हैं।

22
तताँरा-वामीरो कथा

अंदमान द्वीपसमूह का अन्तिम दक्षिणी द्वीप है लिटिल अंदमान। यह पोर्टब्लेयर से लगभग सौ किलोमीटर दूर स्थित है। इसके बाद निकोबार द्वीपसमूह की शृंखला आरम्भ होती है, जो निकोबारी जनजाति की आदिम संस्कृति के केन्द्र हैं। निकोबार द्वीपसमूह का पहला प्रमुख द्वीप है कार-निकोबार, जो लिटिल अंदमान से 96 कि.मी. दूर है। निकोबारियों का विश्वास है कि प्राचीन काल में ये दोनों द्वीप एक ही थे। इनके विभक्त होने की एक लोककथा है, जो आज भी दोहराई जाती है।

सदियों पूर्व, जब लिटिल अंदमान और कार-निकोबार आपस में जुड़े हुए थे, तब वहाँ एक सुन्दर सा गाँव था। पास में एक सुन्दर और शक्तिशाली युवक रहा करता था। उसका नाम था तताँरा। निकोबारी उसे बेहद प्रेम करते थे। तताँरा एक नेक और मददगार व्यक्ति था। सदैव दूसरों की सहायता के लिए तत्पर रहता। अपने गाँववालों को ही नहीं, अपितु समूचे द्वीपवासियों की सेवा करना अपना परम कर्तव्य समझता था। उसके इस त्याग की वजह से वह चर्चित था। सभी उसका आदर करते। वक़्त मुसीबत में उसे स्मरण करते और वह भागा-भागा वहाँ पहुँच जाता। दूसरे गाँवों में भी पर्व-त्यौहारों के समय, उसे विशेष रूप से आमन्त्रित किया जाता। उसका व्यक्तित्व तो आकर्षक था ही, साथ ही आत्मीय स्वभाव की वजह से लोग उसके क़रीब रहना चाहते। पारम्परिक पोशाक के साथ वह अपनी कमर में सदैव एक लकड़ी की तलवार बाँधे रहता। लोगों का मत था, बावजूद लकड़ी की होने पर, उस तलवार में अद्‌भुत दैवीय शक्ति थी। तताँरा अपनी तलवार को कभी अलग न होने देता। उसका दूसरों के सामने उपयोग भी न करता। किन्तु उसके चर्चित साहसिक कारनामों के कारण लोग-बाग तलवार में अद्‌भुत शक्ति का होना मानते थे। तताँरा की तलवार एक विलक्षण रहस्य थी।

एक शाम तताँरा दिनभर के अथक परिश्रम के बाद समुद्र किनारे टहलने निकल पड़ा। सूरज समुद्र से लगे क्षितिज तले डूबने को था। समुद्र से ठंडी बयारें आ रही थीं। पक्षियों की सायंकालीन चहचहाहटें शनैः शनैः क्षीण होने को थीं। उसका मन शान्त था। विचारमग्न तताँरा समुद्री बालू पर बैठकर सूरज की अन्तिम रंग-बिरंगी किरणों को समुद्र

पर निहारने लगा। तभी कहीं पास से उसे मधुर गीत गूँजता सुनाई दिया। गीत मानो बहता हुआ उसकी तरफ आ रहा हो। बीच-बीच में लहरों का संगीत सुनाई देता। गायन इतना प्रभावी था कि वह अपनी सुध-बुध खोने लगा। लहरों के एक प्रबल वेग ने उसकी तन्द्रा भंग की। चैतन्य होते ही वह उधर बढ़ने को विवश हो उठा, जिधर से अब भी गीत के स्वर बह रहे थे। वह विकल सा उस तरफ बढ़ता गया। अन्ततः उसकी नज़र एक युवती पर पड़ी जो ढलती हुई शाम के सौन्दर्य में बेसुध, एकटक समुद्र की देह पर डूबते आकर्षक रंगों को निहारते हुए गा रही थी। यह एक शृंगार गीत था।

उसे ज्ञात ही न हो सका कि कोई अजनबी युवक उसे निःशब्द ताके जा रहा है। एकाएक एक ऊँची लहर उठी और उसे भिगो गई। वह हड़बड़ाहट में गाना भूल गई। इसके पहले कि वह सामान्य हो पाती, उसने अपने कानों में गूँजती गम्भीर आकर्षक आवाज़ सुनी।

"तुमने एकाएक इतना मधुर गाना अधूरा क्यों छोड़ दिया?" तताँरा ने विनम्रतापूर्वक कहा।

अपने सामने एक सुन्दर युवक को देखकर वह विस्मित हुई। उसके भीतर किसी कोमल भावना का संचार हुआ। किन्तु अपने को संयत कर उसने बेरुखी के साथ जवाब दिया।

"पहले बताओ! तुम कौन हो, इस तरह मुझे घूरने और इस असंगत प्रश्न का कारण? अपने गाँव के अलावा किसी और गाँव के युवक के प्रश्नों का उत्तर देने को मैं बाध्य नहीं। यह तुम भी जानते हो।"

तताँरा मानो सुध-बुध खोए हुए था। संगीत के अलावा अब वह उस युवती के अप्रतिम सौन्दर्य के जादू में आकंठ डूबा हुआ था। जवाब देने के स्थान पर उसने पुनः अपना प्रश्न दोहराया। "तुमने गाना क्यों रोक दिया? गाओ, गीत पूरा करो। सचमुच तुमने बहुत सुरीला कंठ पाया है।"

"यह तो मेरे प्रश्न का उत्तर न हुआ?" युवती ने कहा।

"सच बताओ तुम कौन हो? लपाती गाँव में तुम्हें कभी देखा नहीं।"

तताँरा मानो सम्मोहित था। उसके कानों में युवती की आवाज़ ठीक से पहुँच न सकी। उसने पुनः विनय की "तुमने गाना क्यों रोक दिया? गाओ न?"

युवती झुँझला उठी। वह कुछ और सोचने लगी। अन्ततः उसने निश्चयपूर्वक एक बार पुनः लगभग विरोध करते हुए कड़े स्वर में कहा।

"ढीठता की हद है। मैं जब से परिचय पूछ रही हूँ और तुम बस एक ही राग अलाप रहे हो। गीत गाओ-गीत गाओ, आखिर क्यों? क्या तुम्हें गाँव का नियम नहीं मालूम?" इतना बोलकर वह जाने के लिए तेज़ी से मुड़ी। तताँरा को मानो कुछ होश आया। उसे अपनी गलती का अहसास हुआ। वह उसके सामने रास्ता रोककर, मानो गिड़गिड़ाने लगा।

"मुझे माफ़ कर दो। जीवन में पहली बार मैं इस तरह विचलित हुआ हूँ। तुम्हें

देखकर मेरी चेतना लुप्त हो गई थी। मैं तुम्हारा रास्ता छोड़ दूँगा। बस अपना नाम बता दो।" तताँरा ने विवशता में आग्रह किया। उसकी आँखें युवती के चेहरे पर केन्द्रित थीं। उसके चेहरे पर सच्ची विनय थी।

"वा...मी...रो..." एक रस घोलती आवाज़ उसके कानों में पहुँची।

"वामीरो...वा...मी...रो...वाह कितना सुन्दर नाम है। कल भी आओगी न यहाँ?" तताँरा ने याचना भरे स्वर में कहा।

"नहीं...शायद...कभी नहीं।" वामीरो ने अन्यमनस्कता पूर्वक कहा और झटके से लपाती की तरफ बेसुध सी दौड़ पड़ी। पीछे तताँरा के वाक्य गूँज रहे थे।

"वामीरो...मेरा नाम तताँरा है। कल मैं इसी चट्टान पर प्रतीक्षा करूँगा....तुम्हारी बाट जोहूँगा...ज़रूर आना..."

वामीरो रुकी नहीं, भागती ही गई। ततांरा उसे जाते हुए निहारते रहा।

वामीरो घर पहुँचकर भीतर ही भीतर कुछ बेचैनी महसूस करने लगी। उसके भीतर ततांरा से मुक्त होने की एक झूठी छटपटाहट थी। एक झल्लाहट में उसने दरवाजा बन्द किया और मन को किसी और दिशा में ले जाने का प्रयास किया। बार-बार ततांरा का याचना भरा चेहरा उसकी आँखों में तैर जाता। उसने ततांरा के बारे में कई कहानियाँ सुन रखी थीं। उसकी कल्पना में वह एक अद्‌भुत साहसी युवक था। किन्तु वही ततांरा उसके सम्मुख एक अलग रूप में आया। सुन्दर, बलिष्ठ किन्तु बेहद शान्त, सभ्य और भोला। उसका व्यक्तित्व कदाचित वैसा ही था, जैसा वह अपने जीवन-साथी के बारे में सोचती रही थी। किन्तु एक-दूसरे गाँव के युवक के साथ यह सम्बन्ध परम्परा के विरुद्ध था। बावजूद एक आत्मीय गन्ध और प्रेमिल भावना के ततांरा को पाना एक असम्भव बात थी। अतएव उसने उसे भूल जाना ही श्रेयस्कर समझा। किन्तु यह असम्भव जान पड़ा। ततांरा बार-बार उसकी आँखों के सामने था। निर्निमेष याचक की तरह प्रतीक्षा में डूबा हुआ।

किसी तरह रात बीती। दोनों के हृदय व्यथित थे। किसी तरह आँचरहित एक ठंडा और ऊबाऊ दिन गुजरने लगा। शाम की प्रतीक्षा थी। ततांरा के लिए मानो पूरे जीवन की अकेली प्रतीक्षा थी। उसके गम्भीर और शान्त जीवन में ऐसा पहली बार हुआ था। वह अचम्भित था, साथ ही रोमांचित भी। दिन ढलने के काफी पहले वह लपाती की उस समुद्री चट्टान पर पहुँच गया। वामीरो की प्रतीक्षा में एक-एक पल पहाड़ की तरह भारी था। उसके भीतर एक आशंका भी दौड़ रही थी। अगर वामीरो न आई तो? वह कुछ निर्णय नहीं कर पा रहा था। सिर्फ़ प्रतीक्षारत था। बस आस की एक किरण थी, जो समुद्र की देह पर डूबती किरणों की तरह कभी भी डूब सकती थी। वह बार-बार लपाती के रास्ते पर नज़रें दौड़ाता। सहसा नारियल के झुरमुटों में उसे एक आकृति कुछ साफ़ हुई...कुछ और...कुछ और। उसकी खुशी का ठिकाना न रहा। सचमुच वह वामीरो थी। लगा जैसे वह घबराहट में थी। वह अपने को छुपाते हुए बढ़ रही थी। बीच-बीच में इधर-उधर दृष्टि दौड़ाना न भूलती। फिर तेज़ कदमों से चलती हुई ततांरा के सामने

आकर ठिठक गई। दोनों शब्दहीन थे। कुछ था जो दोनों के भीतर बह रहा था। एकटक निहारते हुए वे जाने कब तक खड़े रहे। सूरज समुद्र की लहरों में कहीं खो गया था। अँधेरा बढ़ रहा था। अचानक वामीरो कुछ सचेत हुई और घर की तरफ दौड़ पड़ी। तताँरा अब भी वहीं खड़ा था...निश्चल...शब्दहीन...

दोनों रोज़ उसी जगह पहुँचते और मूर्तिवत एक दूसरे को निर्निमेष ताकते रहते। बस भीतर समर्पण था जो अनवरत् गहरा रहा था। लपाती के कुछ युवकों ने इस मूक प्रेम को भाँप लिया और ख़बर हवा की तरह बह उठी। वामीरो लपाती ग्राम की थी और तताँरा पासा का। दोनों का सम्बन्ध सम्भव न था। रीति अनुसार दोनों को एक ही गाँव का होना आवश्यक था। वामीरो और तताँरा को समझाने-बुझाने के कई प्रयास हुए, किन्तु दोनों अडिग रहे। वे नियमतः लपाती के उसी समुद्री किनारे पर मिलते रहे। अफवाहें फैलती रहीं।

कुछ समय बाद पासा गाँव में 'सूअर-पर्व' का आयोजन हुआ। सूअर-पर्व में हृष्ट-पुष्ट सूअरों के प्रदर्शन के अतिरिक्त सूअरों से युवकों की शक्ति परीक्षा प्रतियोगिता भी होती है। वर्ष में एक बार सभी गाँव के लोग हिस्सा लेते हैं। बाद में नृत्य-संगीत और भोजन का भी आयोजन होता है। शाम से सभी लोग पासा में एकत्रित होने लगे। धीरे-धीरे विभिन्न कार्यक्रम शुरू हुए। तताँरा का मन इन कार्यक्रमों में तनिक न था। उसकी व्याकुल आँखें वामीरो को ढूँढ़ने में व्यस्त थीं। नारियल के झुंड के एक पेड़ के पीछे से उसे जैसे कोई झाँकता दिखा। उसने थोड़ा और क़रीब जाकर पहचानने की चेष्टा की। वह वामीरो थी जो भयवश सामने आने में झिझक रही थी। उसकी आँखें तरल थीं। होंठ काँप रहे थे। तताँरा को देखते ही वह फूटकर रोने लगी। तताँरा विह्वल हुआ। उससे कुछ बोलते ही नहीं बन रहा था। रोने की आवाज़ लगातार ऊँची होती जा रही थी। तताँरा किंकर्तव्यविमूढ़ था। वामीरो के रुदन स्वरों को सुनकर उसकी माँ वहाँ पहुँची और दोनों को देखकर आग बबूला हो उठी। सारे गाँववालों की उपस्थिति में यह दृश्य उसे अपमानजनक लगा। इस बीच गाँव के कुछ लोग भी वहाँ पहुँच गए। वामीरो की माँ क्रोध में उफन उठी। उसने तताँरा को तरह-तरह से अपमानित किया। गाँव के लोग भी तताँरा के विरोध में आवाज़ें उठाने लगे। यह तताँरा के लिए असहनीय था। वामीरो अब भी रोए जा रही थी। तताँरा भी गुस्से से भर उठा। उसे जहाँ विवाह की निषेध परम्परा पर क्षोभ था, वहीं अपनी असहायता पर खीझ। वामीरो का दुख उसे और गहरा कर रहा था। उसे मालूम न था कि क्या क़दम उठाना चाहिए? अनायास उसका हाथ तलवार की मूठ पर जा टिका। क्रोध में उसने तलवार निकाली और कुछ विचार करता रहा। क्रोध लगातार अग्नि की तरह बढ़ रहा था। लोग सहम उठे। एक सन्नाटा-सा खिंच गया। जब कोई राह न सूझी तो क्रोध का शमन करने के लिए, उसमें शक्ति भर उसे धरती में घोंप दिया और ताकत से उसे खींचने लगा। वह पसीने से नहा उठा। सब घबराए हुए थे। वह तलवार को अपनी तरफ खींचते-खींचते दूर तक पहुँच गया। वह हाँफ रहा था। अचानक जहाँ तक लकीर खिंच गई थी, वहाँ एक दरार होने लगी।

मानो धरती दो टुकड़ों में बँटने लगी हो। एक गड़गड़ाहट-सी गूँजने लगी और लकीर की सीध में धरती फटती ही जा रही थी। द्वीप के अन्तिम सिरे तक तताँरा धरती को मानो क्रोध में काटता जा रहा था। सभी भयाकुल हो उठे। लोगों ने ऐसे दृश्य की कल्पना न की थी, वे सिहर उठे। उधर वामीरो फटती हुई धरती के किनारे चीखती हुई दौड़ रही थी—तताँरा...तताँरा...तताँरा उसकी करुण चीख मानो गड़गड़ाहट में डूब गई। तताँरा दुर्भाग्यवश दूसरी तरफ था। द्वीप के अन्तिम सिरे तक धरती को चाकता, वह जैसे ही अन्तिम छोर पर पहुँचा, द्वीप दो टुकड़ों में विभक्त हो चुका था। एक तरफ तताँरा था दूसरी तरफ वामीरो। तताँरा को जैसे ही होश आया, उसने देखा उसकी तरफ का द्वीप समुद्र में धँसने लगा है। वह छटपटाने लगा, उसने छलाँग लगाकर दूसरा सिरा थामना चाहा, किन्तु पकड़ ढीली पड़ गई। वह नीचे की तरफ फिसलने लगा। वह लगातार समुद्र की सतह की तरफ फिसल रहा था। उसके मुँह से सिर्फ़ एक ही चीख उभरकर डूब रही थी "वामीरो...वामीरो...वामीरो...वामीरो..." उधर वामीरो भी "तताँरा...तताँरा...ता...ताँ...रा" पुकार रही थी।

तताँरा लहूलुहान हो चुका था...वह अचेत होने लगा और कुछ देर बाद उसे कोई होश नहीं रहा। वह कटे हुए द्वीप के अन्तिम भूखंड पर पड़ा हुआ था, जो कि दूसरे हिस्से से संयोगवश जुड़ा था। बहता हुआ तताँरा कहाँ पहुँचा, बाद में उसका क्या हुआ कोई नहीं जानता। इधर वामीरो पागल हो उठी। वह हर समय तताँरा को खोजती हुई उसी जगह पहुँचती और घंटों बैठी रहती। उसने खाना-पीना छोड़ दिया। परिवार से वह एक तरह विलग हो गई। लोगों ने उसे ढूँढ़ने की बहुत कोशिश की, किन्तु कोई सुराग न मिल सका।

आज न तताँरा है, न वामीरो। किन्तु उनकी यह प्रेमकथा घर-घर में सुनाई जाती है। निकोबारियों का मत है कि तताँरा की तलवार से कार-निकोबार के जो टुकड़े हुए, उसमें दूसरा लिटिल अंदमान है, जो कार-निकोबार से आज 96 कि.मी. दूर स्थित है। निकोबारी इस घटना के बाद दूसरे गाँवों में भी आपसी वैवाहिक सम्बन्ध करने लगे। तताँरा-वामीरो की त्यागमयी मृत्यु शायद इसी सुखद परिवर्तन के लिए थी।

23
चावरा द्वीप की खोज

भारत से लगे समुद्र में पाँच सौ से अधिक द्वीप हैं। सदियों से इनमें आदिवासी रहते आए हैं। इनकी जीवन-शैली पाषाण युग के मनुष्य की तरह है। एक छोटा-सा द्वीप और उसमें बसनेवाले मुट्ठी भर लोग। कैसे रहते आए हैं ये लोग दुनिया से एकदम कटकर? अन्य द्वीपों के बारे में इन्होंने कैसे जानकारी हासिल की? आपसी सम्बन्धों का किस तरह विकास हुआ? इस सम्बन्ध में कई रोमांचक कथाएँ हैं, जिन्हें अधिकांश भारतवासी नहीं जानते।

आप जानते हैं इन द्वीपों और लोगों के बारे में? अगर नहीं, तो आइए 'चावरा द्वीप' नामक चर्चित निकोबारी लोककथा के माध्यम से जानें। यह अंदमान निकोबार द्वीपसमूह का एक छोटा, किन्तु अत्यन्त खूबसूरत द्वीप है। कार-निकोबार द्वीप सर्वाधिक महत्त्व का है। इस द्वीप की खोज कार-निकोबार के आदिवासियों ने बड़े रोमांचक तरीके से की थी। कार-निकोबार द्वीप समूह में यह लगभग बीच का द्वीप है। निकोबारी आदिवासियों के मन में पहले-पहल यह विचार आया कि अन्य द्वीपों की खोज करना चाहिए। सम्भव है कुछ और लोग कहीं बसते हों। अगर यह सच हुआ तो कम ही सही, दुनिया कुछ तो बड़ी होगी। निकोबारियों के पूर्वजों का विश्वास था कि उनके अलावा कोई और दुनिया हो ही नहीं सकती। मनुष्य का स्वभाव नई-नई चीज़ों को ढूँढ़ने और जानने का रहा है। इसी गुण के कारण ही खोजों का सिलसिला शुरू हुआ। इस योजना के तय होने के बाद पहली और भारी समस्या थी यात्रा की। कैसे समुद्र में यात्रा की जाए? तब तक नाव बनाने का ज्ञान इन आदिवासियों को नहीं था।

जब विचार मन में हो गया तो लोगों ने सोचना आरम्भ किया। कई दिमाग सक्रिय हो उठे। अब निकोबारियों को बस एक धुन थी कि कुछ-न-कुछ करना है। तरह-तरह के प्रयोग होने लगे। अचानक कुछ लोगों को लकड़ी के पानी में तैरने की बात स्मरण हो आई। उन्होंने प्रयोग के तौर पर नारियल का एक पेड़ काटा, उसे छीलना आरम्भ कर दिया। छोटे आकार को रखते हुए उन्होंने पेड़ को तरह-तरह से काटते हुए पानी में तैराकर देखना शुरू किया। इससे उन्हें सन्तुलन की कला समझ में आई। प्रयोग करते हुए उन्होंने आखिर एक छोटी-सी नाव बना ली और नाम रखा—केनो। समुद्र में उसे

तैराकर देखा और खूब प्रसन्न हुए। यह उनके जीवन की पहली बड़ी उपलब्धि थी। इसके बाद निकोबारियों ने आपस में विचार-विमर्श किया। आगे की योजना कुछ इस तरह बनी कि केनो में याम (जमीकन्द) और कुछ फल भरकर समुद्र में छोड़ दिया जाए। तैरते हुए वह किसी किनारे पर अवश्य लगेगी। इस विश्वास के पीछे मुख्य कारण था कि उन्होंने चीज़ों को अपने समुद्री तट पर पहुँचते देखा था। केनो जिस अन्य द्वीप के तट पर पहुँचेगी और वहाँ कोई हुआ तो सम्भव है वहाँ से कोई संकेत मिले। हालाँकि कई निकोबारी इस योजना के प्रति सशंकित थे, किन्तु एक कोशिश करने में उन्हें कोई आपत्ति नहीं हुई। इस तरह केनो को उपहारों से भरकर समुद्र में छोड़ दिया गया। कुछ दिनों तक नियमित रूप से वे आशा लगाए तट पर आते और मायूस हो घरों को लौट जाते। धीरे-धीरे वे इस घटना को भूलने लगे।

समुद्र में कई दिनों तक लहरों से जूझती हुई केनो निकट के एक द्वीप चावरा तट पर जा लगी। चावरा द्वीप के निवासियों ने इस अद्भुत केनो को देखा और देखते-देखते ख़बर सभी तक जा पहुँची। फिर क्या था, सभी इसे देखने के लिए एकत्रित हो गए। बुजुर्गों ने विचार कर निष्कर्ष निकाला कि आसपास ही कहीं एक द्वीप या देश है जहाँ से यह अद्भुत वस्तु आई है। उन्होंने याम और फलों को उतारा और परीक्षण के रूप में चखकर देखा। जब पूरी तरह आश्वस्त हो गए, तो सबमें उपहार सामग्री वितरित कर दी गई। कहानी का दूसरा हिस्सा चावरावासियों की वजह से आगे बढ़ता है। चावरा के लोगों में भी उतनी उत्सुकता पैदा हुई। वे भी जानना चाहते थे उन अनाम लोगों के बारे में, जिन्होंने नाव का निर्माण कर सामग्री भेजी। अन्त में तय हुआ कि नाव को देखकर, उसे बनाने की कला समझें। सो उन्होंने उसे उलट-पुलट कर और पानी में तैराकर देखा। तरकीब उनकी समझ में आ गई। बाद में उन्होंने मिट्टी के छोटे-छोटे बर्तन, जिसके लिए उनका नाम आज भी जाना जाता है, नाव में रख दिए। इसके अलावा क्नूई लोई (नारियल से बना खाद्य पदार्थ) भी बाँधकर नाव में रखा और उस दिशा में रवाना कर दिया, जिधर से आकर नाव तट पर लगी थी।

लगभग दस-पन्द्रह दिन बाद नाव किसी तरह पुनः कार-निकोबार के दूसरे तट पर जा लगी। कुछ निकोबारियों ने देखा और खुशी से झूम उठे। सभी लोग तट पर देखते-देखते इकट्ठे हो गए। उनकी खुशी का कोई ठिकाना नहीं रहा। कौतूहल और आनन्द के साथ उन्होंने नाव से सामान उतारा। छोटे-छोटे बर्तनों, उनके आकार-प्रकार को देखकर वे विस्मित थे। बर्तनों के उपयोग की सम्भावनाओं को लेकर उन्होंने तरह-तरह के प्रयोग किए। किसी ने पानी भर कर देखा, किसी ने फल रखकर जाँचा और प्रयोगों के बीच किसी ने उसे आग पर रखकर देख लिया। जब बर्तन टूटे और चिटके नहीं तो उन्हें बर्तन का उपयोग और महत्त्व समझ में आया। केनो (नाव) के लौट आने पर उनकी यह धारणा विश्वास में बदल गई कि पास में कोई द्वीप है, जहाँ दूसरे मनुष्य रहते हैं। फिर क्या था। उन्होंने तय किया कि अब इन लोगों तक पहुँचना चाहिए। अब उन्होंने एक बड़ी केनो बनाना शुरू किया। सन्तुलन और भारवाहक शक्ति

को जाँचना शुरू किया। उसमें बैठकर उसे गति से चलाने का प्रयास किया। जब गति पाने में कामयाब नहीं हो सके तो उन्होंने हाथ की लकड़ियों से नाव को खेने का प्रयास किया। कुछ गति का आभास हुआ तो उन्होंने चप्पू की तरह के आकार में लकड़ियों को काटकर तब्दील कर दिया। अब पूरी नाव उनके सामने थी और यात्रा का रोमांचक विचार। बस फिर क्या था, खाने का सामान और पानी रखा, कुछ फल आदि भी। आठ-दस लोग निकल पड़े यात्रा पर, अनजाने द्वीप की ओर।

उनके मन में भय, कौतूहल और आनन्द की तरंगे हिलोरें मार रही थीं। उनके आत्मविश्वास ने शरीर में एक ऊर्जा सी पैदा कर दी। वे सामान्य गति से अधिक तेज़, मंज़िल की तरफ बढ़ रहे थे। कई दिनों की यात्रा घंटों में तब्दील होती जा रही थी। अचानक उन्हें एक द्वीप दिखाई देने लगा और वे उछल पड़े। पूरी शक्ति के साथ उन्होंने नाव खेना शुरू किया और अन्ततः चावरा के तट पर जा लगे। चावरावासी दौड़कर उनकी तरफ आए और खुशी से तालियाँ बजाकर, नाचते हुए उनका स्वागत करने लगे। निकोबारियों के आश्चर्य का ठिकाना न रहा, जब उन्होंने देखा कि चावरा के लोगों का रंग-रूप और आचार-व्यवहार ठीक उनकी तरह है। भाषा में थोड़ा परिवर्तन लगा। किन्तु समझने में कोई दिक्कत नहीं हो रही थी। चावरा के लोग भी निकोबारी हैं, यह जानकर वे बेहद आनन्दित हुए। कुछ दिन रहने के बाद उन्होंने वापस लौटने की इच्छा प्रकट की। चावरावासियों ने उन्हें मिट्टी के बड़े-बड़े दस बर्तन उपहार में देकर विदा किया।

उस दिन से आज तक दोनों द्वीपवासियों के बीच आत्मीय सम्बन्ध बने हुए हैं। उसी समय से वस्तु-विनिमय की जो प्रथा आरम्भ हुई, वह आज तक चल रही है।

चावरा द्वीप की खोज की इस रोमांचक लोककथा को, इस प्रथा के कारण आज भी प्रामाणिक माना जाता है।

24
ओसुरी पर्व

निकोबार द्वीपसमूह में दो गाँव थे—किमूस और फरक्का। किमूस का कप्तान था एलहट और फरक्का का होको। इन दोनों गाँवों में जीवन सुखमय बीत रहा था। गाँववासी अपने कप्तानों की बेहद इज्ज़त करते थे। उनकी मर्जी के बग़ैर इन गाँवों में पत्ता भी न हिलता था। निकोबार द्वीप के समीप एक और द्वीप है चावरा। इसमें भी निकोबारी ही बसते थे। यहाँ के लोग हस्तशिल्प में कुशल थे। होड़ी (नाव) तथा मिट्टी के बर्तन बनाने में वे दक्ष थे। चूँकि चावरा एक अलग-थलग द्वीप था, फलस्वरूप वहाँ के लोग मुख्य धारा से कटे रहे। उनके अपने विश्वास-अन्धविश्वास थे। दोनों द्वीपों के सोच-व्यवहार में ज़मीन-आसमान का अन्तर था। बावजूद इस असमानता के दोनों द्वीपों में मधुर व्यापारिक सम्बन्ध थे। चावरावासी होड़ी बर्तन बनाकर निकोबार में बेच आते। बदले में दाव, छुरी, सूअर, कपड़े आदि ले जाते। एक तरह से व्यापार के बहाने दोनों द्वीपों के लोग आपस में घुल-मिल गए थे। कभी-कभार वे एक-दूसरे के द्वीपों में भी घूम आते। कुल मिलाकर सम्बन्ध मधुर थे।

एक बार चावरावासियों ने एक बढ़िया होड़ी बनाई। पहले बेची गई होड़ियों से यह अधिक मजबूत, सुन्दर और टिकाऊ थी। होड़ी डूबे न, इसलिए पहली बार चावरावासियों ने अपनी कल्पना और वैज्ञानिक समझ से उसमें लकड़ियाँ लगाईं जो नाव के समकक्ष चार-छह फुट दूरी तक लगी हुई थीं और नाव के साथ-साथ तैर सकती थीं। और अब नाव के पलटने का डर ख़त्म हो गया था। यह होड़ी का एक तरह से बैलेसिंग आर्गन था। किमूसवालों ने जब इस नाव को देखा तो प्रसन्न हुए। लेकिन चावारावासियों ने इस बार अधिक क़ीमत लगाई। स्पष्टतः वे अपनी मेहनत और कला के अनुसार क़ीमत चाहते थे। निकोबारी क्रोधित हुए। उन्होंने आपसी विचार-विमर्श किया। किमूस और फरक्का के कप्तानों ने एक योजना बनाई और उसे पूरा करने के लिए एक माह का समय तय किया। उन्होंने चावरावासियों से बारह होड़ी खरीदने का प्रस्ताव रखा। बदले में उन्हें माँगी गई सामग्री देने का वादा कर लिया। चूँकि बिना हील-हुज्जत के सौदा तय हो गया, अतः चावरावासी प्रसन्न थे। वे लौट पड़े और होड़ी बनाने में जुट गए।

इधर एलहेट और होको ने एक सभा बुलाई और बड़ी संख्या में लकड़ी के दाव और छुरियाँ बनाने को आदेश दिया। सभी अचम्भित थे। तब दोनों कप्तानों ने अपनी योजना बताई कि वे लकड़ी के दाव और छुरियाँ बनाकर उन्हें इस तरह रंग देंगे कि चावरावालों का पता ही न चले कि असली नहीं हैं। इसी तरह उन्हें भारी क़ीमत पर बेचने का सबक सिखाया जा सकता। यह सुनते ही खुसुर-पुसुर होने लगी, लेकिन कप्तानों के खिलाफ़ बोलने की हिम्मत कोई नहीं जुटा पा रहा था। तभी एक बूढ़ा उठा। उसने कहा कि मैं इस बारे में कुछ कहना चाहूँगा। कप्तानों को उसका बोलना अच्छा नहीं लगा, किन्तु सुन लेने में उन्हें कोई बुराई न लगी। "निकोबार में आज तक ऐसा नहीं हुआ कि किसी को धोखा देने का एक भी मामला सामने आया हो। हमारे कप्तानों ने धोखाधड़ी को कभी पसन्द नहीं किया। यह पहली बार हो रहा है जो शुभ नहीं। जाने कौन-सी विपत्ति हमारे ऊपर आ जाए। इसलिए धोखेबाज़ी से व्यापार न करें तो अच्छा है। इससे दुश्मनी बढ़ेगी"—बूढ़ा बोला।

दोनों कप्तानों ने बूढ़े की बात हँसी में उड़ा दी। अपना निर्णय अन्तिम मानते हुए उन्होंने गाँववालों को काम पर लग जाने को कहा। अनिच्छा से गाँववालों ने काम शुरू कर दिया। 5000 छुरियाँ, 200 दाव बन जाने पर उन पर रंग चढ़ा दिया गया। असल-नकल में फर्क करना मुश्किल था। कप्तानों को दाव और छुरियाँ दिखाई गईं। जब वे आश्वस्त हो गए तो चावरा ख़बर भेज दी गई। दोनों कप्तान अपनी चालाकी पर फूले नहीं समा रहे थे। परिणाम की चिन्ता किए बिना वे ऐसा काम करने जा रहे था, जिससे अमंगल हो सकता था।

कुछ दिनों बाद चावरावासी बारह होड़ी सहित किमूस गाँव के किनारे उतरे। पारम्परिक स्वागत सत्कार के बाद व्यापार की बातें शुरू हुईं। चावरावासियों ने पिछली बातें दोहराई और सामग्री देखने की इच्छा प्रकट की। एलहेट और होको ने तुरन्त 5000 छुरियाँ और 200 दाव मँगवाए। चावरावासियों ने देखा किन्तु असल-नकद में धोखा खा गए। सौदा उन्होंने मंज़ूर कर लिया। दूसरे दिन छुरियाँ और दाव के अलावा दो सौ सूअर और कपड़े भी हर बार की तरह होड़ी में लाद दिए गए। निकोबारी कैप्टन अपनी चाल की सफलता पर हर्षित थे। उधर चावरा द्वीप का प्रमुख कप्तान भी इतनी सारी वस्तुएँ पाकर बेहद खुश हुआ। किन्तु बात कब तक छुपी रह सकती थी? दूसरे ही दिन से धोखा सामने आने लगा। दो-तीन शिकायतों के आते ही चावरा के प्रमुख कप्तान ने सारे दाव और छुरियों की जाँच की। सभी लकड़ी के थे। चावरा में सनसनी फैल गई। मानो क्रोध का सागर उमड़ पड़ा। चावरावासियों को इस जालसाज़ी का गहरा धक्का लगा। वे अपमान की आग में जलने लगे। कोई युद्ध की बात करता, कोई प्रतिशोध की। सभी एक मत थे कि बदला लिया जाना चाहिए।

अन्ततः प्रमुख कप्तान ने सभी से विचार विमर्श किया और एक सुरक्षित योजना तय की। हालाँकि यह एक पहलू था, किन्तु वे धोखाधड़ी का जवाब देना चाहते थे। इधर निकोबारी किसी भी भावी परिणाम से अनभिज्ञ थे। सिर्फ़ बूढ़ा चिन्तित था।

कुछ ही दिनों बाद चावरावासियों ने किमूस की तरफ एक होड़ी रवाना की। होड़ी में केवड़ा भरा हुआ था। निकोबारी अपने भोजन में केवड़ा बहुत पसन्द करते थे। निकोबार में इसकी उपज न के बराबर थी। चावरावालों ने केवड़े में जहर लगाकर रखा था। योजना के अनुसार होड़ी किमूस के किनारे जा लगी। गाँववालों ने जब इतना सारा केवड़ा देखा तो खुशी से झूम उठे। सभी लोग अपने-अपने लिए केवड़ा ले जाने लगे। गाँव के लिए यह एक त्यौहार सा हो गया। सभी प्रसन्न थे। भोज की तरह उन्होंने आयोजन किया, सूअर काटे गए। नारियल की ताड़ी उतारी गई और सबने छककर पिया-खाया। बूढ़ा टोकता रहा, किन्तु लोभवश कोई माना नहीं।

सुबह तक लोगों के मरने की ख़बर फैलने लगी। पूरा गाँव जैसे शव स्थल बन गया हो। हर जगह रोने की करुण आवाज़ें गूँज रही थीं। जो बच गए थे वे अपने कप्तानों को कोस रहे थे। आसपास के लोग इस दुखद ख़बर को सुनते ही जमा होने लगे। दोनों कप्तानों को भी अपनी करनी का फल मिल गया। उनके परिवार में एक भी जीवित नहीं बचा। बचे-खुचे लोग आखिरकार उस बूढ़े के पास गए। उसका चेहरा लगभग वीरान था। बुझी हुई आँखों को ऊपर उठाकर उसने लुटे-पिटे क़िस्मत के मारों को देखा। सब शायद रो चुके थे। उनकी आँखों में हल्की-सी सूजन हो आई थी। उन्होंने सहायता भरी आँखों से बूढ़े की तरफ़ देखा। बूढ़ा उठा। उसने सांत्वना की मुद्रा में हाथ ऊपर उठाया। शब्द मानो चुक गए थे। एक दुखद चुप्पी में सब डूबे हुए थे। हिम्मत कर बूढ़े ने कहा—"कप्तानों की ज़िद का यही दुष्परिणाम होना था। जालसाज़ी, धोखाधड़ी न हमारा धर्म है, न कर्म। जो होना था उसे टालकर भी कोई टाल न सकता था। चलो बच्चों! अन्तिम संस्कार कर पहले कर्तव्य निभाएँ!"

निकोबार में शव नहीं, शवों का अम्बार था। दफनाने के लिए ज़मीन छोटी पड़ती जा रही थी। रात बारह बजे तक मुश्किल से दफनाने का काम पूरा हो सका। लगभग मशीन की तरह लोग जुटे रहे। एक हाहाकार सा मचा हुआ था। बीच-बीच में बचे-खुचे लोगों की सिसकियाँ गूँज जातीं। मानो सिसकियाँ थक गई हों और यदाकदा ज़ोर मारकर बाहर निकलना चाहती हों। इतनी करुण कि आसपास के गाँव दहल उठते।

किमूस के लोग शोकग्रस्त थे। फरक्का के जिन लोगों ने केवड़ा बटोरा था। वहाँ भी तबाही ने अपना रंग जमाया। बूढ़े ने घूम-घूमकर बचे-खुचे वीरान लोगों को एकत्रित किया। उम्र की इस ढलान पर वह गाँव को हँसता-खेलता देखना चाहता था। बचे-खुचे जीवन में पुनः उत्साह का संचार करना चाहता था। जब सभी एकत्रित हो गए तो उसने कहा—"बच्चों! मैं तुम्हारा कप्तान नहीं हूँ, तुम्हारे कप्तान अपनी करनी का फल भोग चुके। उनकी वजह से गाँवों की दुर्दशा तुमसे छुपी नहीं। अब उन्हें दोष देना ठीक नहीं। बस इतना कहूँगा कि हमें धोखाधड़ी नहीं करना चाहिए। ग़लत काम का अंजाम भी बुरा होता है। हमें प्रतिज्ञा करनी चाहिए कि किसी भी बुराई को न अपनाएँगे, भले ही कप्तान का हुक़्म क्यों न टालना पड़े। जो होना था वह हो गया। आओ हम-सब मृतकों की आत्मा के लिए प्रार्थना करें। ऐसा संकट फिर कभी निकोबार में न आए। इसलिए

अब हर वर्ष यहाँ अपने पूर्वजों की स्मृति में एकत्रित होकर प्रार्थना करेंगे, ताकि हमें अपनी ग़लती का स्मरण रहे। यही हमारा प्रायश्चित है।"

सभी लोग बूढ़े की बात से सहमत हुए। उन्होंने मृतकों के लिए प्रार्थना की। हर वर्ष अब भी पूर्वजों के लिए प्रार्थना आयोजित होती है। निकोबारी इस आयोजन को 'ओसुरी पर्व' कहते हैं। निकोबार में यह पर्व आज भी मनाया जाता है। अब भी धोखाधड़ी-जालसाज़ी करनेवालों से नफ़रत की जाती है। निकोबारी इसे पाप समझते हैं।

25
शुआन की आस में गिरि

प्राचीन क़िस्से-कहानियों में कई अनहोनियों का ज़िक्र आता है। विश्वास न होने पर भी उन्हें पढ़ा जाता है। जैसे जलपरी, आकाशपरी, लालपरी, नीलमपरी और जादुईपरी की कहानियाँ। निकोबार द्वीप समूह में समुद्री परी की लोककथाओं का पता मिलता है। मुमकिन है कि समुद्र के किनारों पर जीवनयापन करने की वजह से समुद्री परी की कहानियाँ अस्तित्व में आई हों।

बहुत पुरानी कथा है। निकोबार के एक गाँव में एक परिवार रहता था। तब जीवन शिकार और जंगली उपज पर आश्रित था। इस परिवार में कुल तीन सदस्य थे—पति, पत्नी और पुत्र। परिवार के प्रमुख अर्थात् पति का नाम था ऐरांग। वह बहुत ही मेहनती था। परिवार की सुख-सुविधाओं के लिए उसने घर के आसपास नारियल, सुपाड़ी, केवड़ा, और जमीकन्द की खेती आरम्भ की, ताकि भोजन के लिए जंगलों में भटकना न पड़े। उसने घर पर ही सूअर पालने शुरू किए। ये जंगल से पकड़कर लाए गए सूअर थे। निकोबारियों का आज भी यही प्रमुख भोजन है। परिवार में कोई खास कमी न थी। जीवन सुख से बीत रहा था। बीच-बीच में पिता और पुत्र मछली के शिकार पर भी जाते जो एक सामान्य क्रम था।

एक दिन ऐरांग की पत्नी ने मछली खाने की इच्छा प्रकट की। पिता-पुत्र भी कुछ दिनों से शिकार पर नहीं निकले थे, अतः तैयारियाँ करने लगे। दोनों सुबह-सुबह शिकार के लिए रवाना हुए। ऐरांग ने पुत्र से कहा—"जब तक मैं होड़ी (नाव) को समुद्र तक ले जाने की व्यवस्था करता हूँ, तब तक तुम आस-पास से घोंघे बटोर लो, ताकि मछलियों के लिए चारा तैयार हो सके।" इतना सुनते ही पुत्र, जिसका नाम शुआन था, घोंघे बटोरने चला गया। इधर ऐरांग ने पेड़ से बँधी होड़ी खोली और चप्पू, काँटे और समुद्र में होड़ी से पानी निकालने के लिए नारियल का खोल रखा और शुआन की प्रतीक्षा करने लगा। कुछ ही देर में शुआन घोंघे बटोरकर पिता के पास पहुँच गया। होड़ी में बैठते ही उसने भी चप्पू सँभाल लिया। धीरे-धीरे वे समुद्र में आगे बढ़ने लगे। एक उचित जगह पाकर ऐरांग ने पुत्र से कहा—"शुआन, यहाँ अच्छी मछलियाँ मिलेंगी। होड़ी को रोक दो।" शुआन ने वैसा ही किया।

आकाश में बादल घिरने के संकेत थे। हवा में परिवर्तन लग रहा था। लहरों की गति भी तेज़ हो रही थी। अनुभव के आधार पर ऐरांग को तूफान की आशंका हुई। उसने पुत्र को होड़ी चलाने को कहा। उसे लगा तूफान कभी भी आ सकता है। पिता-पुत्र तुरन्त लौटने की तैयारी करने लगे। होड़ी को वे तेज़ी से चला रहे थे, किन्तु किनारा दूर था। तूफान ने बीच में ही उन्हें घेर लिया। होड़ी लहरों के ऊपर उछलने लगी। पिता-पुत्र भरसक प्रयत्न कर रहे थे कि होड़ी को सम्भाल लें। किन्तु बार-बार चूक रहे थे। उनके भीतर घबराहट बढ़ रही थी। ऐरांग अपने पुत्र शुआन के लिए बेहद भयभीत था। हर सम्भव चेष्टा के बाद उसकी पकड़ कमज़ोर होती जा रही थी। इसी बीच एक बड़ी वेगशाली लहर आई। पिता-पुत्र अपना बचाव कर पाते, तब तक होड़ी उलट चुकी थी। वे समुद्र में हाथ-पैर मार रहे थे। तूफानी लहरों ने पिता-पुत्र को दूर उछाल दिया। ऐरांग और शुआन रक्षा के लिए चीख रहे थे, किन्तु आसपास कोई सहारा न था। उनकी चेतना लुप्त हो रही थी।

तूफान कुछ घंटों के बाद थमने लगा। ऐरांग का कोई पता न चला, किन्तु शुआन जाने कैसे समुद्र के भीतर स्थित छोटे से टापू की चट्टान के किनारे पहुँच गया था। वह बेहोश था। शनैः शनैः उसे होश आया। अँधेरा घिर चुका था। दूर-दूर तक कोई घर, कोई प्रकाश, कोई आदमी नज़र नहीं आ रहा था। पिता को साथ न पाकर उसकी हिम्मत टूट गई। गला रुँधने लगा। वह सिसकने लगा और बाद में सहायता के लिए ज़ोर-ज़ोर से रोए जा रहा था।

कुछ ही देर में समुद्र में गहरी हलचल हुई। लगा समुद्र के भीतर से कोई विशाल प्राणी ऊपर आ रहा है। हलचल तकरीबन भयावह थी। समुद्र को चीरते हुए बढ़ने का तेज़ स्वर क्रमशः बढ़ता जा रहा था। शुआन घबरा उठा। उसने देखा, एक बड़ी सी व्हेल मछली सतह पर उभर रही है। उसकी दिशा उसकी चट्टान की तरफ है। वह भयभीत हो उठा। व्हेल शुआन के करीब पहुँची और उसके तलुवों को मानो सहलाने लगी। शुआन आशंकित था। उसे अपनी मृत्यु नज़दीक लगने लगी। तभी एक अनोखी घटना हुई। व्हेल बोलने लगी—"बेटे...डरो मत। मैं शापग्रस्त हूँ और मछली का जीवन जी रही हूँ। तुम कौन हो और इस अँधेरी रात में यहाँ क्यों रो रहे हो?"

"मैं शुआन हूँ। अपने पिता के साथ तड़के शिकार पर निकला था। सब ठीक चल रहा था। अचानक ज़ोरों का तूफान उठा और हमारी होड़ी पलट गई। मेरे पिता का पता न चला। जाने कैसे मैं इस चट्टान तक पहुँच गया। होश में आते ही अपने पिता और सहायता के लिए रोने लगा।" शुआन ने आप-बीती सुनाई।

"चिन्ता न करो। मैं तुम्हारी मदद करूँगी। तुम्हें घर पहुँचाने की ज़िम्मेदारी अब मेरी है। जल्दी से मेरी पीठ पर बैठ जाओ" व्हेल बोली। "मैं अकेले कैसे घर जा सकता हूँ। मेरे पिता जाने किस दिशा में होंगे। पहले उनको खोजना होगा। पिता के बिना घर पहुँचा तो माँ बहुत दुखी होगी। पिता न मिले तो मैं घर जाकर क्या कहूँगा?" इतना कह शुआन पुनः रोने लगा।

व्हेल ने शुआन को समझाना शुरू किया। वह लगातार ढाढ़स बँधा रही थी—"शुआन देखो, इस विशाल समुद्र में जब तूफान उठता है, तो प्राण बचाना मुश्किल होता है। तुम तो भाग्य से बच गए। हो सकता है तुम्हारे पिता डूब गए हों। इस टापू के अलावा कोई और उम्मीद नहीं है। अगर वे बचते तो यहीं मिलते। दुख मनाने से क्या होगा? तुम्हें घर भी जाना है इसलिए व्यर्थ समय नष्ट न करो। मेरी पीठ पर सवार हो जाओ।"

शुआन के पास कोई विकल्प न था। फिर पिता को इस विशाल समुद्र में बिना होड़ी के कहाँ खोजता? खाने-पीने की सुविधा भी ख़त्म हो गई थी। अन्ततः उसने व्हेल के साथ ही जाना बेहतर समझा। वह उसकी पीठ पर सवार हो गया। व्हेल तेज़ी के साथ समुद्र की गहराइयों में जाने लगी। डर के मारे छोटे-मोटे जीव-जन्तु इधर-उधर भाग रहे थे। व्हेल मानो समुद्री राजा हो, जिससे सब डरकर इधर-उधर भाग रहे थे। शुआन भी भयाक्रान्त था। उसकी यह अनोखी यात्रा अकल्पनीय थी। उसके मन में तरह-तरह की आशंकाएँ घर कर रही थीं। वह असमंजस में था। एकाएक व्हेल समुद्र में बहुत गहरे उतरने लगी। सामने एक बड़ी सी चट्टानी सुरंग थी। व्हेल उसके भीतर प्रवेश करने लगी। शुआन अचम्भित था। सुरंग के भीतर भित्ति, प्रवाल और मूँगों की अद्भुत जगर-मगर दुनिया थी। वहाँ का दृश्य किसी राजसी महल की तरह था। मूँगों की चट्टानें कई आकार ग्रहण किए हुए थीं, जिन्हें उस भीतरी दुनिया के महल की आवश्यक वस्तुओं का स्वरूप मिला हुआ था। प्राकृतिक रूप में उस राजसी स्थान में समुद्री प्रवाल, पुष्पों से स्वतः निर्मित पलंग, फूलदान, मेज, दीवान सरीखी चीज़ें जगमगा रही थीं। शुआन उस दुनिया को देखकर विस्मित था। उस स्थान में बीचों-बीच शैवाल पत्थरों की पलंगनुमा प्राकृतिक जगह थी, जो रंग-बिरंगे शैवाल और अन्य खूबसूरत पत्थरों की वजह से अलग चमकती दीख रही थी। वहाँ प्रकाश फूटा पड़ रहा था। उस शैवाल पलंग पर कोई युवती लेटी हुई थी। शुआन विस्फारित नेत्रों से उसे देखने लगा। उस युवती को देखना, शुआन को किसी स्वप्नदृश्य की तरह लगा। युवती का शरीर अनोखा था। कटि तक वह सम्पूर्ण और अद्भुत सौन्दर्यवती थी। साथ ही बड़ी-बड़ी हिरनी जैसी स्वप्निल आँखें, गुलाब की रक्तिम पंखुड़ियों की तरह होंठ, रक्ताभ गाल, सुडौल वक्ष, लम्बे लहराते कृष्ण केश जो कटि तक लहरा रहे थे। दैवीय अप्सरा की तरह सुन्दर बाँहें, प्रकृति की अनमोल सुगढ़ रचना थी वह युवती। किन्तु कमर के नीचे उसका समूचा भाग मछली की तरह था। वह भी रजत रश्मियों सा। शुआन हतप्रभ था। उसे लगा वह समुद्र की जलपरी है। अपने अध-खुले मृगनयनों को खोलते ही उसने माँ के साथ एक अजनबी युवक को देखकर प्रश्न वाचक निगाहें माँ की तरफ घुमाई। एक कोमल सी सिहरन शुआन के भीतर दौड़ गई। शुआन चाहकर भी अपनी दृष्टि वहाँ से नहीं हटा पा रहा था। अचानक व्हेल ने कहा—"शुआन! क्या सोच रहे हो। कैसा लगा हमारा यह घर? यह मेरी बेटी है। समुद्र की राजकुमारी के रूप में जानी जाती है। सभी इसे बेहद प्रेम करते हैं। तुम्हें घर जाने के पूर्व, यहाँ कुछ दिन रुककर मेरी बेटी की सेवा करनी होगी।

शुआन बिना पलक झपकाए समुद्री राजकुमारी को निहार रहा था। व्हेल की आवाज़ से उसे होश हो आया। वह कुछ न कह सका। उसका यह मौन ही स्वीकृति का सूचक था। वैसे भी उसके सम्मुख कोई विकल्प न था। व्हेल वहाँ से चली गई। शुआन जलपरी की सेवा-टहल में जुट गया। जहाँ वह अपनी माँ की स्मृति में व्यथित था, वहीं जलपरी के आकर्षण से बिंध गया। हिम्मत कर उसने पूछा—

"तुम्हारा नाम क्या है?"

"गि...रि..." एक मधुर स्वर गूँज उठा। वह आवाज़ से मानो बँध सा गया।

अद्‌भुत सौन्दर्य और अब मधुर स्वर ने उसे अपनी गिरफ्त में ले लिया।

"शुआन, तुम क्या करते हो?" गिरि ने पूछा।

शुआन ने सम्मोहित स्थिति से उबरते हुए घबराहट में उत्तर दिया—"माँ-पिता की आज्ञा का पालन करता हूँ। जंगल से लकड़ियाँ लाता हूँ और शिकार पर जाता हूँ।"

"तुम्हें यहाँ कैसा लग रहा है?" गिरि ने प्रश्न किया।

"अद्‌भुत...एक सपने की तरह।" शुआन बोला।

"मेरा सानिध्य कैसा लग रहा है?" गिरि ने सवाल उठाया।

"बहुत भला...शब्दों में व्यक्त नहीं कर सकता। एक पल को लगता है यह जन्म-जन्मान्तर का साथ है।" शुआन ने उत्तर दिया।

गिरि इस उत्तर से चकित थी। समुद्री जीवन में यह अकेली प्रशंसा थी, जो उसके हिस्से में आई थी। वह अभिभूत थी। उसके भीतर कुछ उमड़ने-घुमड़ने लगा। सहसा उसने शुआन से पूछा—"मैं तुम्हें कैसी लगती हूँ?"

"बहुत सुन्दर...तुमने शायद कभी दर्पण नहीं देखा? इसलिए यह प्रश्न कर रही हो।" शुआन ने कहा।

"दर्पण...यह क्या होता है? मैंने कभी ऐसी वस्तु नहीं देखी।" गिरि बोली।

"मेरे घर में है...यह वह वस्तु है जिसमें कोई भी अपना सही रूप देख सकता है। तुम इतनी रूपवती हो कि देख लो...तो मेरी भावना को सम्भवतः जान सको।" शुआन ने धीमे से कहा।

"क्या वाकई? मैं अपने को देख सकती हूँ? मुझे अपने बारे में कोई जानकारी नहीं...क्या मेरे लिए ऐसा दर्पण ला सकोगे?...मैं चुपके से तुम्हें ऊपर ले जा सकती हूँ।"

गिरि ने प्रश्नवाचक दृष्टि शुआन पर डाली।

शुआन असमंजस में था। व्हेल क्या सोचेगी, कहीं यह विश्वासघात तो न होगा? गिरि भाँप गई। उसने कहा, तुम माँ की तरफ से निश्चिन्त रहो। वह बहुत भली है। तुम मेरा हाथ पकड़ लो। मैं तुम्हें ऊपर पहुँचा देती हूँ। सिर्फ़ एक निवेदन है कि मुझे धोखा न देना। इसे मैं बर्दाश्त न कर सकूँगी। इतना कह गिरि उठी और शुआन का हाथ थाम सुरंग से बाहर निकलने लगी। शुआन चुपचाप गिरि के साथ आगे बढ़ता जा रहा था। वह कुछ बोलना चाहता था, किन्तु शब्द मुँह से बाहर न निकल पा रहे थे।

इस समय वह गिरि की सुकोमल अँगुलियों के स्पर्श में डूबा हुआ था। उसे किंचित स्वर्गिक आनन्द की अनुभूति हो रही थी। आँखें बन्द हो चुकी थीं और वह किसी स्वप्नलोक से गुज़र रहा था। उसे गिरि का यह साहचर्य अविश्वसनीय और अकल्पनीय लग रहा था। सहसा गिरि एक झटके के साथ रुकी। शुआन को भी अप्रत्याशित झटका लगा, उसने आँखें खोली। गिरि एक चट्टान के पास रुक गई थी। आँखें खोलते ही गिरि ने शुआन को गीली आँखों से देखा। मानो उसके भीतर से शब्द की जगह अदृश्य करुणा बह उठी हो। दुखी स्वर में वह बोल उठी, "शुआन...तुम्हारा जाना इतना पीड़ा क्यों दे रहा है? ऐसा पहले कभी नहीं हुआ। जाने क्या है कि एक विचार उठता है, कदाचित अब तुम्हारे बिना मुझे जीना अच्छा न लगेगा। तुम जल्दी लौटना, मैं इसी चट्टान के पीछे हर रात्रि तुम्हारी राह देखूँगी...हमेशा" गिरि ने बड़ी मुश्किल से इतना ही कहा। उसकी आँखें झरने लगीं। चेहरे पर करुणा के घने मेघ मँडराने लगे। शुआन बहुत देर तक फूल से मुरझाए उस चेहरे को न देख सका। दृष्टि झुकाए उसने कहा—

"गिरि...मैं आऊँगा...ज़रूर आऊँगा...मुझे बिल्कुल देर न होगी। मेरी आत्मा भी सिर्फ़ तुम्हारे लिए अटकी रहेगी।" शुआन ने अनिच्छा से गिरि के स्पर्श से स्वयं को मुक्त किया। पीछे से बस एक ही आवाज़ गूँजती रही...

"शुआन...शुआन...शुआन...भूलना नहीं...मैं यहाँ...तुम्हारी बाट जोह रही हूँ शुआन...शु...आ...न..."

शुआन तैरकर किनारे तक पहुँचा। यह एक चाँदनी रात थी...पूनम की। कहीं से नृत्य-संगीत के मधुर स्वर गूँज रहे थे। अवश्य गाँव में किसी पर्व का आयोजन किया गया है। वह उसी दिशा में बढ़ने लगा। यह रास्ता तो उसके गाँव की तरफ जाता है। वह बढ़ता गया। उसे बार-बार आश्चर्य हो रहा था। यह रास्ता सीधे वहीं जाता है जहाँ उसका घर है। घर में ऐसा कौन-सा आयोजन हो सकता है जबकि पिता समुद्र की भेंट हो गए और वह स्वयं घर पर नहीं है। शुआन अधीरता से तेज़ कदम बढ़ाने लगा। घर पहुँचते ही उसने भीड़ को चीरते हुए माँ को आवाज़ दी..."माँ...माँ...उसे बीच में लोगों ने रोक लिया और पूछताछ शुरू कर दी।" "कौन हो तुम, किसे पुकार रहे हो?"

वह बोला—"मैं शुआन हूँ। ऐरांग का पुत्र। शिकार पर निकला था।" और उसने पूरी आप-बीती सुनानी चाही, किन्तु कोई विश्वास नहीं कर रहा था, बल्कि मज़ाक उड़ाने लगे। सब ने बताया "हम लोग ऐरांग और शुआन की स्मृति में पर्व मना रहे हैं। इस पर्व के आयोजन का अर्थ ही है कि दोनों अब इस दुनिया में नहीं। हमारे पर्व में विघ्न मत डालो और भाग जाओ।" शुआन ने फिर...माँ...को आवाज़ देना शुरू किया। उसकी माँ...उसके पास पहुँचकर ठिठक गई...उसे जाने क्यूँ विश्वास न हो रहा था...फिर सभी उपस्थित लोग भी उसे शुआन मानने से इन्कार कर रहे थे। शुआन की माँ ने ऐरांग के बारे में प्रश्न किया, किन्तु कोई ठीक जवाब न मिलने पर उसे भी सन्देह होने लगा। इसके पहले कि उसे विचार करने का समय मिलता, लोगों ने शुआन को धक्के मारकर बाहर निकाल दिया। शुआन माँ को पुकार रहा था, किन्तु उसकी आवाज़ शोर में दब

गई। लोगों ने खदेड़ना और पत्थर मारना शुरू कर दिया। एकाएक भीड़ ने अपने स्वभाव के अनुसार शुआन को पत्थरों से बुरी तरह मारना शुरू कर दिया। वह भाग रहा था। और पत्थर लगातार लहूलुहान कर रहे थे। अचानक एक बड़ा सा पत्थर आया और सिर पर पड़ा। यह असहनीय वार था। उसकी आँखों के सामने अँधेरा घिर उठा। वह भागने की असफल कोशिश कर रहा था। किसी तरह समुद्र से कुछ दूर पहुँचकर वह कटे वृक्ष की तरह ढह गया। मद्धिम सी चेतना थी कि माँ ने उसे पहचानने से इन्कार कर दिया। क्यों...आखिर क्यों...? उसके बाद उसे कुछ याद नहीं...शुआन उसके बाद उठ न सका। लोग-बाग हँसते-खिलखिलाते गाँव लौट गए।

बस गिरि थी जो चट्टान के पीछे अब भी इन्तज़ार कर रही थी। शुआन के न पहुँचने पर उसकी सिसकियाँ गूँज उठीं। निकोबारियों का विश्वास है कि गिरि आज भी शुआन की प्रतीक्षा में है। पूनम की रात्रि शिकार पर जानेवालों को अभी भी सिसकियों का भ्रम होता है। और वे गिरि-शुआन की कथा का स्मरण करते हैं। यह लोककथा अब भी इसी विश्वास के कारण जीवित है...और रहेगी।

26
आदिम लेन-देन

विश्व की दस दुर्लभ जनजातियों में से एक है शोम्पेन। हहराते समुद्र के भीतर निकोबार द्वीप समूह के ग्रेट निकोबार द्वीप में एक दुर्गम पहाड़ है थूलियर। अत्यन्त घना और तकरीबन भयावह। इस अबूझ पहाड़ से निकलती हैं तीन प्रमुख नदियाँ—गलाथिया, एलेक्जेन्ड्रिया और डागमार। सदियों से इन्हीं नदियों के किनारे आदिम परम्पराओं, संस्कारों और जीवन शैलियों के साथ बसते आए हैं मंगोलवंशीय आदिवासी शोम्पेन। शिकार, वनोपज जिनका प्रमुख जीवन आधार है। सूअर, मगर, गोह, साँप, बन्दर, आक्टोपस से लेकर कछुओं तक को आसानी से मारकर खा जाने में कुशल हैं शोम्पेन। जीवन के लिए इनकी आवश्यकताएँ कम हैं। जो आवश्यकताएँ थोड़ी-बहुत हैं भी, तो उनको प्राप्त करने का तरीक़ा अभी भी बिल्कुल आदिम है।

केम्बलबे से पश्चिम की तरफ कोपनहीट नामक जगह की ओर केबलबे से 14 कि.मी. और 43 कि.मी. की दूरी के मध्य एक दिलचस्प लोककथा सुनाई जाती है। इस आदिम प्रथावाली कथा को अंग्रेजी में 'साइलेन्ट बार्टर सिस्टम' और हिन्दी में 'शान्त वस्तु विनिमय प्रथा' कहा जाता है। इस कथा के उत्स अत्यन्त प्राचीनकालीन परम्परा से जुड़े हैं। कहा जाता है कि ग्रेट निकोबार से लगे समुद्री किनारों में निकोबारी परिवार बहुत पहले से निवास करते आ रहे हैं। इन्हें तटीय निकोबारी कहा जाता है। शोम्पेन आदिवासियों का पहला सम्पर्क इन्हीं से हुआ है। भाषा में समानता की वजह से संवाद की स्थिति सुदृढ़ हुई और तटीय निकोबारियों ने इन भोले-भाले आदिवासियों की वनोपज और शारीरिक शक्ति का दोहन आरम्भ कर दिया। बदले में वे तम्बाकू, चूना, दाव जैसी चीज़ें देने लगे। जो अब भी बदस्तूर जारी है किन्तु इस शोषण की एक अपवाद कथा भी है।

शोम्पेन की यह अद्भुत 'साइलेन्ट बार्टर सिस्टम' कथा इस प्रकार है—कोपेनहीट की तरफ एक शोम्पेन रहता है। क़द छह फुट, गठीला बदन और घने, लम्बे, झूलते बाल। जिन्होंने देखा है उनका कहना है कि यह शोम्पेन इतना स्वस्थ और बलशाली है कि अपने कन्धे पर एक पेड़ का मोटा तना आसानी से सँभाले पहाड़ों से उतरता है। उसके पास जंगल की कई और वस्तुएँ होती हैं— शहद, सूअर का गोश्त, झींगा मच्छी

आदि। वह तटीय निकोबारियों से कोई सम्पर्क नहीं रखता। बाहर के लोगों से भी मिलना उसे पसन्द नहीं। अन्य शोम्पेन की तरह वह केम्बलबे की तरफ रुख नहीं करता। अपनी आवश्यकताओं की पूर्ति के लिए उसका अपना आदिम तरीक़ा है।

वह केम्बलबे से 14 कि.मी. की दूरी के बीच, सड़क के किनारे सप्ताह में एक दिन पहुँचकर एक लम्बी सी लकड़ी गाड़ देता है। तत्पश्चात उस पर शहद, गोश्त, झींगा मच्छी या जंगल से प्राप्त कोई भी वस्तु टाँग देता है। बाद में चुपचाप पहाड़ी में किसी ऐसी जगह जाकर बैठ जाता है, जहाँ से वह आते-जाते व्यक्तियों को देख सके। चूँकि यह उसका एक नियमित क्रम बना हुआ है, अतः सभी आने-जानेवाले उसके बारे में, उसकी इच्छाओं के विषय में बखूबी जानते हैं। टाँगा हुआ सामान जब कोई उठाता है तो बदले में उसे, शोम्पेन की ज़रूरत का कोई सामान टाँगना पड़ता है—जैसे तम्बाकू, चना, दाव, कपड़ा आदि। जब बदले में कोई व्यक्ति अपने पास उपलब्ध कोई सामान टाँगकर चला जाता है और शोम्पेन द्वारा टाँगा हुआ सामान ले जाता है तो वह शोम्पेन कहीं से शाम गए उतरता है और बदले में मिली चीज़ों को देखता है। वस्तु अगर उसकी ज़रूरत की न हुई तो पुनः वहीं टाँग देता है। अब जिसने शोम्पेन का सामान उठाया है उसकी यह नैतिक ज़िम्मेदारी है कि वह दूसरे दिन पुनः पहुँचे और देखे कि शोम्पेन सामान ले गया है अथवा नहीं। यदि नहीं ले जाता है तो इसका अर्थ होता है कि उसे पुनः कोई अन्य ऐसा सामान टाँगना है, जो शोम्पेन की पसन्द का हो। यह अविश्वसनीय लग सकता है, किन्तु उस शोम्पेन की आवश्यकताओं की पूर्ति के लिए कई दिनों तक सामान बदल-बदलकर रखने का क्रम चलता है। शोम्पेन भी वांछित वस्तु की प्रतीक्षा करता रहता है। अगर उसका पीछा करने की चेष्टा करो तो वह घने जंगलों में भाग खड़ा होता है। कुछ लोगों ने उसे एक स्त्रीनुमा मूर्ति की पूजा करते हुए भी देखा है, जो शोम्पेन जनजाति में अपने क़िस्म का अकेला उदाहरण सामने आया है।

कोपेनहीट की यह दिलचस्प लोककथा और वह अद्‌भुत शोम्पेन आज भी आकर्षण का विषय है। लोग हर हफ़्ते अब भी उस शोम्पेन की प्रतीक्षा में रहते हैं। इस तरह शान्त वस्तु विनिमय की आदिम प्रथा का निर्वाह कर रहे हैं। अविश्वसनीय सी लग सकनेवाली यह सच्ची लोककथा है जिसे केवल वे लोग सुनाते हुए मिल जाते हैं, जो यह जानते हैं कि ऐसा सिर्फ़ ग्रेट निकोबार के थूलियर पहाड़ की वादियों में अब भी चल रहा है।

खंड-4

कवि और समय

अंदमान मुक्तितीर्थ

1857 की पहली लड़ाई का महत्त्व अपरिमित है। परतन्त्रता की बेड़ियों को उतार फेंकने के लिए बुना गया यह पहला हक़ीकी सपना था जिसे अंग्रेजों ने सिर्फ़ फौजी बगावत कहकर, उसके प्रभाव को ख़ारिज करने का प्रयास किया। किन्तु यह विद्रोह इतना विशाल था कि क्रान्तिकारियों के लिए देश की जेलें कम पड़ने लगीं। जैसे-तैसे इस क्रान्ति को दबाने के बाद गोरों के सामने सबसे बड़ी मुसीबत थी गिरफ़्तार सेनानियों को किसी ऐसी जगह रखने की जहाँ उपस्थिति मात्र से क्रान्ति की इस आग को दुबारा शह न मिले। ऐसे कठिन समय में फिरंगियों को अंदमान का ध्यान आना लाजिमी था। इस तरह एक बार फिर अंदमान में पीनल सेटलमेन्ट शुरू करने की योजना बनी। 20 नवम्बर, 1857 को अंदमान कमेटी का गठन हुआ जिसने 68 वर्ष पूर्व ब्लेयर द्वारा की गई अनुशंसा को नई दृष्टि से परखा और अंदमान में ही पीनल सेटलमेन्ट को बनाने के निर्णय पर अन्तिम मोहर लगा दी। कैप्टन हेनरीमेन के नेतृत्व में 22 नवम्बर, 1858 को अंग्रेजों के नापाक क़दम एक बार फिर अंदमान की भूमि पर पड़े। इसी दिन से काला-पानी का वह काला इतिहास शुरू होता है जो अंग्रेजों के शैतानी दिमाग के भयावह विचार का परिणाम था। यहाँ इस विचार को सी. बीडिन सचिव भारत सरकार के 15 जनवरी, 1858 को हेनरीमेन को लिखे पत्र के माध्यम से जान लेना समीचीन होगा—'दी राइट ऑनरेबल दी गवर्नर जनरल इन कौंसिल' ने यह तय किया है कि अंदमान द्वीपों में दंडितों की एक बस्ती स्थापित की जाए और वहाँ ऐसे दंडितों को रखा जाए जिन्हें है या तो लम्बी क़ैद की सज़ा दी गई हैं, अथवा बलवा और फौजी बगावत तथा उससे जुड़े हुए अपराधों के लिए देश निकाला दे दिया गया है। "इसी शैतानी विचार ने ब्लेयर की स्मृति में पोर्टब्लेयर द्वीप पर डेरा डाला, जिसका विस्तार शुरू में क़ैदी बस्तियों के रूप में हुआ और कालान्तर में सेलुलर जेल का निर्माण हुआ जो अंग्रेजी नृशंसता का मानक बना। 1896 में भारतीय क़ैदियों ने कुख्यात तीन मंजिला जेल को बनाना शुरू किया जो लगभग 14 वर्षों में बनकर तैयार हुआ और सेलुलर जेल के नाम से कुख्यात हुआ। सात बाँहोंवाले इस विशालकाय आक्टोपसनुमा जेल में कुल 698 सेल थीं जिनकी डिजाइन पिंजरे की तरह रखी गई। यह ऐसा पिंजरा था जिसमें सूर्य की रोशनी का पहुँचना मुश्किल था और क़ैदी का किसी भी बाहरी दृश्य को देखना नामुमकिन था अर्थात ऐसा एकान्तवास जिससे मानसिक रूप से क़ैदी की समूची जिजीविषा को समाप्त करने का पूरा बन्दोबस्त था। प्रत्येक कोठरी का आकार साढ़े तेरह

बाई सात फुट था, जिसका दरवाज़ा मजबूत इस्पात का था। क़ैदी खिड़की तक पहुँच न सके इसलिए उसे 10 फुट ऊँचाई पर रखा गया। दीवारें इतनी मोटी थीं कि संवाद की स्थिति न बन सके। कोठरी के ठीक सामने दूसरी कोठरियों का पिछला हिस्सा था, जो सिर्फ़ भय पैदा कर सकता था। संक्षिप्त में सेलुलर जेल का डिजाइन इस तरह था कि किसी साथी सेनानी को देख पाना असम्भव था। एक क़ैदी दूसरे को तभी देख सकता था जबकि किसी एक को फाँसी पर झूलने के लिए ले जाया जा रहा हो। ऐसे मौकों पर जानबूझकर बाक़ी क़ैदियों को जेल के गलियारों में खड़ा कर वह लोमहर्षक दृश्य दिखाया जाता था ताकि उनका मनोबल टूटे।

सेलुलर जेल में जिन प्रमुख राजनीतिक बन्दियों को रखा गया उनके नाम हैं—बारीन्द्र कुमार घोष, महावीर सिंह, उपेन्द्रनाथ बैनर्जी, हेमचन्द्र दास, उल्लासकर दत्त, बाबा पृथ्वी सिंह आज़ाद, इन्दुभूषण राय, ऋषिकेश कांजीलाल, वीर दामोदर सावरकर। गणेश सावरकर सेलुलर जेल में पहले से क़ैद थे। दोनों भाइयों को यह बात लगभग एक साल के बाद पता लग सकी। कुछ अन्य स्वतन्त्रता संग्राम सेनानी जिन्होंने कालापानी में जीवन के कठिनतम दौर देखे, उनके नाम हैं—वामन जोशी, शम्भुनाथ आज़ाद, जयदेव कपूर, बटुकेश्वर दत्त, सचीन्द्रनाथ सान्याल, पंडित परमानन्द, लोकनाथ बाल, गनेशचन्द्र घोष और त्रैलोक्यनाथ चक्रवर्ती उर्फ त्रिलोकी महाराज। मध्य भारत से जिनको आजीवन जलावतन किया गया, वे थे—बहादुर सिंह, देवी, फुट्टा, गुलाब खान, जवाहर सिंह, महीबुल्ला, मंजूशाह, मायाराम, नूराखान, सिराजुद्दीन, वेंकटराव तथा सिकन्दर बख़्त। इसके अलावा रिकार्ड में जो अन्य सेनानी दर्शाए गए हैं, उनके नाम हैं—अल्लामा फज़लहक़ खैराबादी, मौलवी लियाक़त अली, मौलवी सैय्यद अलाउद्दीन, हिमाचल सिंह, कूरा सिंह, हट्टी सिंह, मामा नाइक, गरबदास पटेल, मीर जाफर, थानेश्वरी, दूधनाथ तिवारी तथा के.एन. तिवारी। एक अनुमान के अनुसार जलावतन हुए बन्दियों की संख्या 2000 से 2500 के बीच हो सकती है। मुख्यतः चटगाँव आर्मरी रेड, मोपला किसान विद्रोह, मेरठ कांस्पिरेसी केस, लेबर कमिश्नर केस आदि के विद्रोही पहले-पहल अंदमान लाए गए थे। इन्हीं क़ैदियों के साथ जेलर बारी ने बेइन्तहा सख़्ती करते हुए क्रूरता का हृदय विदारक इतिहास रचा, जिसकी कथा सावरकर तथा बारीन्द्र कुमार घोष (महर्षि अरविन्द घोष के अनुज) की किताबों में मिलती है।

अंदमान निकोबार के गजेटियर 1908 में क़ैदियों की जीवनकथा का विस्तृत वर्णन मिलता है। क़ैदियों को प्रथम छह माह सेलुलर जेल में रखा जाता था। जहाँ का शासन क्रूरता का घृणित पर्याय था। इसके बाद अन्य जेलों में आठ माह की सख़्त शारीरिक मेहनत की सज़ा। तत्पश्चात् अगले तीन वर्षों के लिए बैरक में सज़ा के दिन। यहाँ क़ैदियों को दिन भर कड़ी मेहनत करनी पड़ती थी और देर रात को विश्राम का समय दिया जाता। इसके बाद अगले पाँच वर्ष वह श्रमिक क़ैदी के रूप में कार्य करता था। इस दौरान उसे न्यूनतम वेतन मिल जाया करता था। इस तरह कुल दस वर्ष की सज़ा के बाद चाल-चलन ठीक होने पर उसे एक टिकट मिलता था और वह स्वतन्त्र रूप से अपना जीवन शुरू कर सकता था किन्तु उसका जीवन फिर भी स्वतन्त्र न था। उसको

कोई अधिकार प्राप्त न थे। अगर 20 से 25 वर्षों का जीवन वह उनके अनुरूप गुजार लेता था, तब कहीं वह सज़ा मुक्त होता था। लेकिन तब तक क़ैदी का अधिकांश जीवन बीत चुका होता था।

सेलुलर जेल में कई क़ैदियों ने अपने जीवन का होम किया। अधिकारों के लिए सेनानियों ने भूख हड़तालें कीं। जेलर बारी की भीषण यातनाएँ सहीं और शेख खाँ ने तो लार्ड मेयो की हत्या कर फाँसी को गले लगाया। 1921 में लाए गए मोपला किसान विद्रोहियों में प्रमुख वेल्लाला मोउद्दीन कुट्टी तथा पी. उन्नी मोहम्मद का संघर्ष भी इतिहास का सुनहरा दस्तावेज है, जिनके डर से अंग्रेजों ने अपना विचार बदला तथा मजबूरी में रियायतें घोषित कीं।

23 मार्च, 1942 को अंदमान निकोबार द्वीपसमूह जापानियों के क़ब्ज़े में आया। नेताजी सुभाष चन्द्र बोस की सहभागिता जापानियों के साथ थी किन्तु जापानियों ने अंग्रेजों के जासूस होने के शक में कई राजनीतिक बन्दियों को गोली से उड़ा दिया। डॉ. दीवान सिंह गुरुद्वारे पर अत्याचार तथा हम्फ्रीगंज में हुई नृशंस हत्याएँ इसका प्रमाण हैं कि जापानियों ने नेताजी की कोई परवाह न करते हुए तीन वर्ष तक बेइन्तहा जुल्म किए। कार-निकोबार में निकोबारी युवकों के जत्थे पर जत्थे काम पर ले जाए गए जो फिर कभी घर नहीं लौटे। बिशप रिचर्डसन की डायरी इन क्रूरताओं की मार्मिक कहानी दोहराती है।

तीन वर्ष बाद पुनः अंग्रेजों ने इन द्वीपों पर क़ब्जा कर लिया लेकिन तब तक भारत के सभी राज्यों में आज़ादी की चिंगारी भड़क उठी थी। क्रूरताएँ काफी कम हो चुकी थीं। आज़ादी के बाद अंदमान स्वतन्त्रता के दीवानों का पवित्र तीर्थ बन गया—'अंदमान मुक्ति तीर्थ।' सेलुलर जेल की चार बाँहें भूकम्प में ध्वस्त हो गईं और अब केवल तीन शेष हैं। 11 फरवरी, 1979 को इस जेल को राष्ट्रीय स्मारक घोषित कर दिया गया। अब इस पावन स्थल पर लोग आज़ादी के दीवानों का स्मरण करने और अपनी श्रद्धांजलि अर्पित करने आते हैं।

हर यात्री अंदमान की यात्रा के बाद बस एक ही सवाल करता और अजीब अनुभव से गुज़रता है, जो हमारी सरकार की अदूरदर्शिता का सर्वश्रेष्ठ उदाहरण है। आज भी द्वीपों के नाम हैं—रास आइलैंड, हेवलाक आइलैंड, वाइपर आइलैंड, स्ट्रेट आइलैंड रेडस्किन, जालीबॉय, माउंट हेरियट और इसके अलावा अन्य नाम अबर्डीन बाज़ार, अटलान्टा प्वाइंट, साउथ प्वाइंट आदि की तर्ज़ पर है। यह ताज्जुब है कि आज़ादी के लिए अपना सर्वस्व न्यौछावर करनेवाले सेनानियों के नाम पर यहाँ कोई गली, कोई गाँव-मोहल्ला, कोई क्लब, कोई विद्यालय या भवन नहीं है। यह हमारी मानसिक ग़ुलामी का परिचायक है और हमारे श्रेष्ठ नेताओं की कल्पनाशीलता का सबूत। जाने कब वो दिन आएगा जब हम अपने सेनानियों को आदर सहित स्थान दे पाएँगे। कम-से-कम राष्ट्रीय तीर्थस्थल अंदमान में तो इसकी कोई सम्भावना आज़ादी के 52-53 सालों के बाद भी नहीं बन पाई है, जो दुर्भाग्यपूर्ण है।

सिकन्दर बख़्त ने भी काटी थी कालेपानी की सज़ा

अटलान्टा प्वाइंट के समुद्री तट पर उत्तर-पूर्व की तरफ ऐतिहासिक बलिदानों का एकमात्र मूक गवाह है सेलुलर जेल। अंदमान स्थित यह कारागार जाने कितने आज़ादी के दीवानों पर जुल्म होता देखता रहा है। अंग्रेज हुक्मरानों की पैशाचिक सनक का ज्वलन्त उदाहरण है—सेलुलर जेल। इसके निर्माण में सिर्फ़ कला-कौशल और सूझबूझ का परिचय मात्र नहीं मिलता वरन् अंग्रजों की सोची-विचारी नीति का पता चलता है। तीन मंज़िला इस जेल में सात विंग्स हैं बिल्कुल स्टार फिश की तरह। सबसे ऊपर सन्तरी के लिए एक टॉवर निर्मित है, जहाँ से सातों विंग्स में रह रहे क़ैदियों की आसान निगरानी की जा सकती है। इस जेल में कुल 698 बैरकें थीं जो अब चार रह गई हैं। बैरक की ऊँचाई साढ़े सात फुट है और चौड़ाई मात्र सात फुट। सतह से 10 फुट ऊपर एक मात्र खिड़की है जो 3 फुट लम्बी एक फुट चौड़ी है। बैरक में इस खिड़की तक पहुँचकर बाहर की दुनिया नहीं देखी जा सकती। दीवारें इतने मोटी कि आपस में कोई संवाद की स्थिति क़ैदियों के मध्य न जन्मे। यहाँ तक कि बैरक का मोटी सलाखोंवाला दरवाज़ा इस तरह बनाया गया है कि सामने की विंग्स का पिछला हिस्सा भर दिख सके। कुल मिलाकर सेलुलर जेल इस तरह निर्मित किया गया है कि क़ैदी न केवल सूर्य, हवा और संवाद की स्थिति से महरूम रहे बल्कि उनके भीतर दुनिया से कट जाने का अहसास इतना अधिक गहरा जाए कि वे देश की आज़ादी के स्वप्न तक देखना छोड़ दें, किन्तु ऐसा न हो सका, आज़ादी की उस आग को नहीं बुझाया जा सका। अंदमान में भी आज़ादी के परवानों ने बेइन्तहा यातनाओं-क्रूरताओं के बीच फाँसी पर लटकते हुए भी देश के लिए आख़िरी साँस तक संघर्ष जारी रखा। इस देश में आज कितने लोग उनके नाम जानते हैं। भारत के किन हिस्सों से उन्हें लाया गया था। किन कठिन सज़ाओं से गुजरकर उन्होंने आज़ादी दिलाने में अपना सर्वस्व होम कर दिया। इतिहास कितना कम जानता है—ऐसे वीरों के बारे में।

1857 के विद्रोह के बाद 1858 में पहले-पहल 200 राजनीतिक क़ैदी अंदमान लाए गए थे। तब सेलुलर जेल का निर्माण नहीं हुआ था। इसके बाद कई राजनीतिक क़ैदियों के दल लाए गए जिसमें वाहिनी, चित्तगाँग आर्मरी रेड, मेरठ कांस्पिरेसी केस, लेबर कमिश्नर केस आदि के राजनीतिक बन्दी थे। 1858 में पहले-पहल कालापानी की सज़ा में पहुँचनेवालों में थे—अल्लामा फ़जल हक खेराबादी, मौलाना लियाक़त अली और मीर जाफर अली थानेश्वरी। बाद के राजनीतिक बन्दियों में प्रमुख थे—मृत्युंजय बैनर्जी,

हरिपद चौधरी, विमलदास गुप्ता, विश्वनाथ माथुर, शिव वर्मा, हेमचन्द्र बख्शी, मनिन्द्र चन्द्र जैन, कार्तिक चन्द्र सरकार, सीतांशु दत्त और प्रफुल्ल कुमार राय। इसके अलावा और भी कई नाम हैं, जो रिकॉर्ड में दर्ज़ हैं किन्तु सभी का पूरा इतिहास नहीं मिलता। सेलुलर जेल में उपलब्ध रिकॉर्ड में सिर्फ़ नाम, स्थान (जहाँ से लाए गए), सज़ा की अवधि, पिता का नाम जैसी जानकारी भर मिलती है, जो बहुत कम है। आज़ादी के इन दीवानों के बारे में खोजकर लिखा जाना कितना महत्त्वपूर्ण है यह कोई नहीं मानता लेकिन सरकार चुप है। ढूँढ़ने पर भी आज काला-पानी का इतिहास नहीं मिलता, यह दुखद है।

कालापानी की सज़ा में जो अंदमान पहुँचे उनमें एक थे—जबलपुर के सिकन्दर बख़्त। यह बात अंदमान के पुराने रिकॉर्ड में दर्ज़ है और साथ ही सौदागर सिंह राजनीतिक बन्दी की एक लम्बी रिकॉर्डिंग में मौजूद हैं। जब मैं पुराने राजनीतिक बन्दियों के बाद में खोजबीन में लगा था तो सिकन्दर बख़्त को एक अनुमान के अनुसार 1910 के बात किसी जहाज में ले जाया गया था। सिकन्दर बख़्त ने अंग्रजी में बी.ए. पास किया था और जबलपुर के केटोनमेन्ट इलाक़े में किसी अंग्रेज अफसर मि. मोजेस के पास स्टेनो टाइपिस्ट था। सिकन्दर देखने में काफी सुन्दर था। आँखें हल्की नीली थीं और फर्राटेदार अंग्रेज़ी बोलता था। उसके भीतर आज़ादी की ललक भी थी लेकिन उसके जीवन में एक ऐसी घटना घटी जिसने सिकन्दर के जीवन उद्देश्य को भटका दिया। मि. मोजेस की लड़की सिकन्दर पर आसक्त हो गई। उसने अपने पिता की मदद से दबाव डालकर सिकन्दर बख़्त से न केवल शादी की, साथ ही उसका धर्म भी परिवर्तित करवा दिया। इस तरह सिकन्दर बख्त का नया नाम हुआ सिकन्दर बख़्त मोजेस। वह अपनी असहायता और भीरुता पर बहुत पछताया। इधर वह पत्नी की स्वच्छन्दता से भी परेशान रहने लगा। उसने कई बार समझाने का प्रयास किया किन्तु वह न मानी। इसी बीच उसका शायद अपनी पत्नी से कुछ लगाव भी बढ़ा लेकिन अधिक दिनों तक नहीं रह सका। एक दिन सिकन्दर बख़्त ने अपनी पत्नी को पुनः रोकने का प्रयास किया। जब वह न मानी तो उसने पत्नी की हत्या कर दी। इसी जुर्म में उसे काला-पानी का आजीवन कारावास हुआ। सौदागर सिंह बताते हैं कि सिकन्दर बख़्त एक नेक इंसान थे। देश के बारे में बातें करते थे और अपनी पत्नी की याद में या शायद हत्या के पश्चात्ताप स्वरूप हमेशा रोते रहते थे। आज़ादी मिलने तक वे अंदमान में श्रमिक क़ैदी थे। चूँकि उनकी अंग्रेजी टाइपिंग अच्छी थी अतः उन्हें खास रियायत पर यह काम दिया गया था। 1947 के बाद किसी जहाज से वे मुख्य भूमि लौट आए। बाद में कहाँ बसे मालूम नहीं। मुमकिन है सिकन्दर बख़्त की कहानी का कोई दूसरा पहलू भी हो, लेकिन यह सत्य है कि वे जबलपुर से ले जाए गए थे और अपने अंदमान प्रवास के अन्तिम दिन तक एक ऐसे व्यक्ति के रूप में रहे जो कम बोलता था, दुखी रहता था, शायद कोई जानता हो सिकन्दर बख़्त के बारे में, इसी उम्मीद के साथ उसकी विशेष चर्चा करने का मन हुआ। खोजबीन में कोई और सिरा कभी पकड़ में आया तो मुमकिन है कहानी पूरी हो।

समुद्र के बीच नदियाँ

वह जीवन की लम्बी समुद्री यात्रा थी। पोर्टब्लेयर से 450 समुद्री मील दूर ग्रेट निकोबार द्वीप की दुरूह और रोमांचक यात्रा। जिसमें 10 डिग्री का भयंकर अशान्त समुद्र भी शामिल है जिसमें जहाज एक पत्ते या गेंद की तरह उछलता है। सारे यात्री इस दौरान न तो सो पाते हैं, न भीतर से स्वस्थ रह पाते हैं। अमूमन अधिकांश यात्री एक अजीब सी बेचैनी और असुरक्षा से भर जाते हैं। उल्टियों की शिकायत एक आम बात है। इसे समुद्री भाषा में 'सी सिकनेस' कहते हैं। हाँ, जो भाँग का सेवन करते हैं, उन्हें भाँग की तरंग में लहरों की भयावह उछाल का भय और दुष्प्रभाव कम छूता है। यह सत्य जानकर हम निश्चिन्त थे। यात्रा में मेरा दोस्त आल्हाद और उसका परिवार साथ में था।

5 अक्टूबर, 89 को सुबह छह बजे हमने अन्तर्द्वीपीय जहाज से यात्रा शुरू की। समुद्र बारिश की दूधिया फुहारों से आच्छादित था। नीले समुद्र की छाती पर जैसे दूध की मनोरम वर्षा का सौन्दर्य बिखरा हुआ था। हम डेक पर भीगते हुए इस सौन्दर्य को पी रहे थे। मीठे पानी की फुहारें समुद्र के नमकीन जल से आलिंगन कर जैसे कुछ अपनी भाषा में कहने को आतुर थीं। बीच में समुद्री मछलियों का जत्था अचानक लहरों पर उछलता और फुहारों में भीगता, अपने को धोता गुम हो जाता। कौन जाने कि मछलियाँ मीठे पानी के अलभ्य स्वाद के लिए ऊपर आ रही थीं।

इस यात्रा को हमने बीच के द्वीपों को देखते हुए पूरी की। हटबे, कार-निकोबार चावरा, कचाल, नानकोरी द्वीप समूह (कमोर्टा, चेम्पियन, ट्रिकेंट, पिलपिलो, डेरिंग) पिलोमिलो व कोंडूल होते हुए 10 अक्टूबर' 89 को अपनी मंज़िल केम्बलवे पहुँचे। यही भारत की दक्षिणी अन्तिम जगह पिगमेलियन प्वाइंट अर्थात् इन्दिरा प्वाइंट है। भारत के अन्तिम छोर को देखने का भीतरी रोमांच यहाँ बरसता है। भारत की सीमा की भूमि यहाँ समुद्र में डूबती है और लहरों का नर्तन आकाश को छूने का प्रयास करता है। आप अपने को भूले और ठगे से खड़े रहते हैं अन्तिम छोर पर।

हालाँकि पीछे छूट गए द्वीपों की स्मृतियाँ सघन थीं। निकोबारी आदिवासियों का आतिथ्य और प्रेम। कैप्टन एडवर्ड कूचट का नेहरू प्रसंग। एडवर्ड कूचट निकोबार के प्रमुख थे। आदिवासी क्षेत्र होने की वजह से उनकी अनुमति के बगैर सरकार कोई निर्णय नहीं लेती थी। जब कार-निकोबार में एयरपोर्ट बनाने का प्रसंग आया तो पं. नेहरू ने एडवर्ड कूचट को दिल्ली आमन्त्रित किया। पं. नेहरू ने एयरपोर्ट निर्माण के लिए जगह

माँगी और ज़मीन के बदले कुछ माँगने के लिए कहा। वे सर्दियों के दिन थे। एडवर्ड कूचट ने कहा—'दिल्ली भोत ठंडा। आप अपना ये कोट दो, जितना माँगेगा हम ज़मीन देगा।' पं. नेहरू ने तुरन्त अपना कोट उतारा और कैप्टन कूचट को खुद पहनाया। यह एक दुर्लभ, निर्मल और आत्मीय प्रसंग है, जो कहीं दर्ज़ नहीं, सिवाय निकोबार की जीवित कथाओं में। यह कथा सारी यात्रा में पीछा करती रही।

केम्बलवे में हमारे सामने एक ओर इन्दिरा प्वाइंट था और साथ में लगी हुई थूलियर (पहाड़) की वादियों और उसमें मंगोल मूल की दुर्लभतम् जनजाति शोम्पेन। थूलियर में एक और आश्चर्य बसता है। सघन थूलियर की वादियों में चारों तरफ समुद्र के ऐन बीच नदियाँ-गलाथिया, एलेक्जेंड्रिया और डागमार। समुद्र में तो नहीं, इन नदियों में मगरमच्छ हैं, जिनका शिकार शोम्पेन करते हैं। वे कछुओं, साँपों, बन्दरों, सूअरों और अजगरों का भी शिकार करते हैं।

जिस जहाज से हम पहुँचे, उसी से हमें लौटना था। उपलब्ध समय में ही हम थूलियर की वादियों में घूम सकते थे। केम्बलवे में ट्रिकिंग असिस्टेंट हमारी प्रतीक्षा में थे। कदाचित् उनका नाम सीताराम था, जो अभी पूरी तरह याद नहीं आ रहा। वे हमारी पूर्व सूचना के आधार पर प्रतीक्षारत थे। सीताराम से हम उस अद्भुत रोमांच और चमत्कार के बारे में जानने आए थे, जो थूलियर की वादियों में उपस्थित है। समुद्र के भीतर थूलियर में मीठे पानी की नदियाँ अर्थात् गलाथिया, एलेक्जेंड्रिया और डागमार। सीताराम ने बताया, उत्तर दिशा में डागमार, केम्बलवे से 24 से 35 किलोमीटर पर एलेक्जेंड्रिया और 45 किलोमीटर पर चिंगन बस्ती है। केम्बलवे थूलियर की वादियों में स्थित नदियों, बस्तियों की निशानदेही को किलोमीटर के हिसाब से ही जाना जाता है।

उपलब्ध समय के दबाव में हमने अपनी यात्रा शीघ्र शुरू की और लाफुल नाले से चिंगन बस्ती जा पहुँचे। यह यात्रा हमने मोटरबोट से की। यह एक रोमांचक और ख़तरनाक यात्रा थी। नाले के अगल-बगल आड़ी-तिरछी चट्टानें। आगे चार किलोमीटर तक मगरमच्छों का डेरा और उनके बीच से गुजरती नाव। एक अन्य भय जो सहयात्रियों के चेहरों पर था। चिंगन बस्ती भारत का दक्षिणतम् गाँव है। इसी के पास है गलाथिया नदी और शोम्पेन आदिवासी। शोम्पेन मंगोल मूल की दुर्लभतम् जनजाति है। दो रोमांच एक साथ अर्थात् समुद्र में नदियाँ और शोम्पेन। सीताराम हमें गलाथिया नदी तक ले गए। हमारी आँखों के सामने एक अद्भुत चमत्कार था समुद्र में नदी। थूलियर के पहाड़ और वन के बीच एक नदी। कैसे अस्तित्व में आया होगा एक आश्चर्य। चारों तरफ समुद्र का नमकीन जल। बीच में थूलियर, थूलियर में नदी। नदी में मगरमच्छ। हमने जल को अँजुरी में भरा। पीकर देखा तो नमकीन न था। उसका स्वाद मीठे जल के आसपास था। नदी के इस चमत्कार पर हम धन्य हुए।

यहीं हमारी मुलाक़ात कोच नामक शोम्पेन से हुई जो कुकॉव और कोंव के साथ था। सीताराम उनसे बात कर बता रहा था कि वे मछली मारने निकले हैं। साथ में पेन्डनस (कन्द) ढूँढ़ने निकले हैं जिसे वे उबालकर खाते हैं। हम अपने साथ केले लेके

गए थे। जो उन्हें दिया तो वे खुश हुए। यहीं एक शब्द हमें मिला 'होलचू'। 'होलचू' वे निकोबारियों को कहते हैं, जो उन्हें गाहे-बगाहे कुछ सामान जैसे पान, सुपारी, तम्बाखू देते हैं। शोम्पेन पान बहुत खाते हैं। उनके दाँत पान की वजह से काफी खराब हो गए हैं। तीनों शोम्पेन तेज़ी से कहीं निकल गए।

हम भी केम्बलवे रवाना हो गए। सारे रास्ते गलाथिया और तीनों शोम्पेन हमारा पीछा करते रहे। कह सकते हैं कि समय के दबाव में हम दो अन्य नदियों—डागमार और एलेक्जेंन्ड्रिया को न देख पाने की वजह से आधे-अधूरे आश्चर्य के साथ लौटे।

कार-निकोबार की यादें

1

मैं इस द्वीप की यात्रा पर हूँ। 5 जनवरी, 89 हर्षवर्धन जहाज। शाम के पाँच बजे। अँधेरा घिर उठा है। जहाज बीच समुद्र में। पीछे पोर्टब्लेयर रोशनी में नहा उठा। रोशनी की परछाइयाँ समुद्र पर किनारे-किनारे दूर तक पड़ रही हैं। समुद्र उत्फुल्ल है। रंग-बिरंगी लहरें जहाज के शरीर से टकराकर दूधिया फेन उपजा रही हैं। सतह पर खूबसूरत मछलियाँ उछलती और गहरे में कहीं खो जाती है। आस-पास इक्का-दुक्का स्टीमर ध्यान भंग करते हैं। मुगल लांज की रेलिंग पर टिका मैं समुद्र की विशालता को निहार रहा हूँ। आस-पास निकोबारी युवक-युवतियाँ हैं, समुद्र के रंगोंवाले कपड़ों में सजे-धजे। रात घिरने को है। यहाँ अँधेरा जल्दी आता है। सब अपने केबिनों में लौट रहे हैं। समुद्री हवाएँ तेज़ हो रही हैं। पोर्टब्लेयर की रोशनी पीछे छूट गई। अब स्याह अँधेरा है गहराता। दूर तक गूमड़ों की तरह उभरते-डूबते द्वीपों के बिम्ब हैं। छह इंजिनोंवाला हर्षवर्धन शोर कर रहा है, शान्ति भंग हो रही है। मैं अपने केबिन की तरफ लौटता हूँ।

2

लगभग ग्यारह घंटों की यात्रा के बाद तड़के नारियल वृक्षों से घिरा कार-निकोबार झूमता दिखाई देता है। जहाज लगभग 2 किलोमीटर दूर रुका है। इस द्वीप के किनारे कोई जेट्टी नहीं हैं इसलिए बड़े और मँझोले जहाज यहाँ लंगर डालकर खड़े हो जाते हैं। लहरों का उछाल यहाँ 5-6 फुट है। जहाज के किनारे एक चौकोर बड़ा सा पेंटून लगा दिया गया है। जहाज से लटकी रस्सी की सीढ़ियों से पेंटून पर उतरना है। हिदायत है कि जब लहरें 5-6 फुट ऊपर पेंटून को उछालें तब कूदना है, अजीब सा डर है। हिम्मत कर सही समय पर कूद गया सही-सलामत। पाँव जमाए पेंटून पर उछलता रहा कि जब तक पेंटून से स्टीमर आकर नहीं सट गई। सामने 'ट्रीटॉप' जेट्टी। एक और उछाल, एक और कूद और मैं स्टीमर में। 5-6 मिनटों में जेट्टी पर। 851 ए.डी. में किसी अरब पर्यटक ने दक्षिणी चीन की यात्रा पर जाते हुए इसे 'नक्कावरम' कहा था अर्थात् नंगों का देश, अब यह नंगों का देश नहीं है। यहाँ के आदिवासी आज सभ्य और एक हद तक प्रगतिशील हैं। वे हिन्दी और अंग्रेजी में बात कर सकते हैं। मूलतः शान्तिप्रिय हैं। ईसाई मिशनरियों के आने के बाद कार-निकोबार में सभ्यता का नया सूरज उदय हुआ

है। निकोबारी अब ईसाई हो गए हैं। शिक्षा, स्वास्थ्य, घरेलू (नारियल-सुपारी) व्यापार के मामले में उन्नत हैं किन्तु सीधे, भोले। जाटवेट नामक एक बड़ा व्यापारी इन्हें आज भी वैसे ही लूटता है जैसे बस्तर के आदिवासियों को वहाँ के बनिए। इन आदिवासियों को इसकी ख़बर नहीं। जो कुछ मिल जाता है उसकी खुशी चेहरे पर भरपूर दिखाई देती है। संघर्ष इनके जीवन का दैनिक पद है। समुद्र में डोंगियों पर चढ़कर मछली और कछुओं का शिकार। नारियल के पेड़ों पर चढ़कर नारियल उतारना और सूअरों को बच्चों की तरह पालना इनके प्रिय काम हैं। इनके प्रिय खेल हैं नौका दौड़ और सूअरों से लड़ाई। मुमकिन है इस यात्रा में इनके जीवन में झाँक सकूँ। फिलहाल तो स्कूल में जहाँ ठहरना है, वहाँ ले जाने मोजेस आते दीख रहे हैं।

3

आज मैं मूस गाँव में हूँ। यहाँ विशप रिचर्डसन की ख्याति के बारे में सुनता हूँ। निकोबारियों को ईसाई धर्म स्वीकार करवाने में उनकी भूमिका थी। उनका जन्म 1833 का माना जाता है। उन्होंने अंग्रेजी पढ़ाई की थी। मिशनरी को उनकी नेतृत्व क्षमता का पता चला। रिचर्डसन के सहयोग से ही उन्होंने निकोबारियों का धर्म परिवर्तन किया। रिचर्डसन निकोबारी थे। उनका निकोबारी नाम था—'हा-चेव-का'। अंग्रेजी पढ़ाई के बाद वे शिक्षक हुए, बाद में विशप तक जीवन यात्रा की।

बावजूद ईसाई धर्म स्वीकारने के निकोबारियों ने अपनी परम्पराएँ नहीं त्यागीं। जैसे 'फिनान्यो' जिसमें निकोबारी सूअर के कान या पूँछ के रक्त से शरीर पर मालिश करते हैं। इससे शरीर बलिष्ठ बनता है। 'ओक आहम' एक अन्य संस्कार है जिसमें सूअर के गर्म रक्त पीने की रीति है। मान्यता है इससे शरीर ठंडा रहता है। हालाँकि अब ये संस्कार ख़त्म हो रहे हैं।

मूस गाँव में आज एक दावत हो रही है। एक जोड़ा विवाह के बन्धन में बन्धा है। 'विगेंच' नामक इस दावत में आज नृत्य भी होगा। पारम्परिक भोज में स्थानीय वस्तुओं जैसे नारियल, जमीकन्द आदि के पकवान होंगे और मछली, कछुए और सूअर से बने भोज्य पदार्थ। मोजेस अपने साथ नारियल के पेड़ से उतरी ताड़ी 'किमूस' ले आया है और हम उसकी चुस्कियाँ लेते दावत के इन्तज़ार में हैं। मोजेस आकाशवाणी में मेरे साथ नौकरी करते हैं और मूस के सम्मानित नागरिक हैं। इस लिहाज से किसी को सामान्य तौर पे न परोसी जानेवाली 'किमूसो' मेरे लिए उपलब्ध है। मैं धीरे-धीरे निकोबारी होना चाहता हूँ। मैं पीकर आज निकोबारियों के साथ नाचना चाहता हूँ। शायद...यह सम्भव हो। मैं सुरूर के समुद्र में इस समय पाँव डाले बैठा हूँ...।

4

7 जनवरी, '89। लौटते समय मोजेस ने कहा—'कल रात आप अच्छा नाचे।' सभी लोग खुश थे...मैं थोड़ा संकोच, थोड़ा शर्म में डूबा था। जाने मोजेस की बात का क्या

अर्थ हो...? लेकिन मुझे संकोच ज़्यादा देर तक नहीं घेर सका। मैंने कहा—'किमूस' बहुत स्वादिष्ट थी। शरीर बड़ा हल्का हो गया...। वह दो-एक दिन बाद लौटेगा...। मैं कहना चाहता था 'किमूस' ले आना...। लेकिन संकोच में चुप रहा। उसने रास्ते के लिए एक बोतल झोले से निकाल दी और मुस्कुरा उठा। मैं भी...। मैं पेंटून पर स्टीमर से उतरा और हाथ हिलाते हुए मोजेस को विदा किया। शाम के चार बज चुके थे। आसमान काला था। बादलों का काला जमावड़ा। बारिश के इम्कान थे। मैं लहरों के उछलते ही सीढ़ियों पर पाँव जमा चुका था। पाँव पोर्टब्लेयर पहुँचने को बेताब थे। पत्नी और बच्चे बाट जोह रहे होंगे। वे होते तो कितना अच्छा होता। मैं केबिन में समान रखकर बाहर निकल आया। डेक पर यात्रियों का शोर था...समुद्री लहरों का शोर दूसरे शोर पर भारी था कि अभी हर्षवर्धन का इंजिन चुप था। मैं उसकी चुप्पी में लहरों का संगीत बूझ रहा था...।

बचाइए समुद्री बागीचे को!

प्रकृति के हज़ारों-हज़ार आकर्षणों में एक समुद्र है। अपने भीतर अनगिनत रहस्य, रोमांच और चमत्कार छुपाए समुद्र आज भी एक चुनौती है। जीव-जन्तुओं के अलावा अंदमान समुद्र अपनी विशष्टिता के लिए आकर्षण का केन्द्र है।

अंदमान-निकोबार द्वीप समूह से कई हिस्सों में विस्मृत कर देनेवाली कोरल रीफ यानी मूँगिया चट्टानें हैं। मूँगा एक तरह का जीवित प्राणी है जिसकी सतह सख़्त पथरीली होती है। इन चट्टानों का निर्माण हज़ारों सालों में होता है। कल्पना करें, आप शीशे तलवाली नाव में सवार हैं और पारदर्शी जल में समुद्र की भीतरी दुनिया देख रहे हैं। एकाएक आपकी नज़र में फूलों-पत्तियों के आकार में नीली, गुलाबी, भूरी, लाल वस्तुएँ गुजरने लगती हैं। धीरे-धीरे पता चलता है ये एक-दो मीटर नहीं बल्कि फर्लांग-दो फर्लांग के क्षेत्र में फैली हैं, जैसे कि रंग-बिरंगे फूलों का पूरा बाग। सहसा नाव की गति खलने लगती है। आपको लगता है कि नाव इन्हीं मूँगिया चट्टानों पर ठहर जाए और जी भरकर उस खूबसूरत दुनिया को अपने भीतर सहेज लें। आपको हर बीतते पल के साथ लगता है जैसे आपकी पकड़ से कोई बहुमूल्य वस्तु छूट रही है। सिर्फ़ इतना ही नहीं, इन मूँगिया चट्टानों पर तैरती हैं रंग-बिरंगी और पारदर्शी छोटी-बड़ी मछलियाँ, जिन्हें देखना अपने आप में एक रोमाचंक अनुभव है।

मूँगा दो तरह का होता है—कोमल और सख़्त। कोमल क़िस्म का मूँगा रीफ के भीतर होता है जबकि सख्त मूँगे का आवरण पथरीला होता है। अंदमान-निकोबार द्वीप समूह में करीब 135 तरह के मूँगे हैं। इनमें से खास हैं—स्टेग हॉर्न, फिंगर ब्रेन और मशरूम। संरचना के आधार पर यह नामकरण किया गया है। प्रमुख मूँगा रीफ हैं फ्रिजिंग, बेरियर और एटॉल्स। ये मूँगे ज़्यादातर समुद्र के किनारे पाए जाते हैं। किनारे से 500 मीटर तक इनका विकास देखा गया है। अंदमान से अधिक समृद्ध मूँगे निकोबार द्वीप समूह में पाए जाते हैं। इनमें समुद्री तूफान से लड़ने की अद्भुत क्षमता होती है। एक तरह से रीफ सुरक्षा कवच का काम करती हैं। मछलियों के लिए भोजन व्यवस्था और आवास की व्यवस्था भी मूँगिया चट्टानें करती हैं। इन्हीं के आसपास मोती के शंख और खूबसूरत सीपियों की बहुतायत होती है, जिनसे कई उद्योग-धंधे चलते हैं। कई महँगी दवाइयों के लिए भी इन मूँगिया चट्टानों से सामग्री मिलती है। इस तरह इनका उपयोग कई रूपों में होता है। ब्रिटिश कोरल विशेषज्ञ डॉ. एलिजाबेथ वुड ने जनवरी

1981 में राष्ट्रीय मेरीन पार्क वंडूर में कोरल पर विशेष अध्ययन के दौरान कई रोमांचक तथ्य पाए। यह अपनी तरह की पहली जाँच थी जिसमें मूँगे के मृत होने की सूचना मिली। इस पार्क में मूँगे की लगभग 50 प्रजातियाँ हैं, जिन पर संकट के बादल गहरा रहे थे। ग्रब और ट्विन्स द्वीपों में लगभग 95 फीसदी मूँगे मृत होने की प्रक्रिया में थे। इन द्वीपों में पहली बार घातक स्टारफिश देखने में आई है, जो इन मूँगिया चट्टानों को गहरी क्षति पहुँचा रही थी। इसकी उपस्थिति में मूँगे के विकास की क्रिया बुरी तरह प्रभावित होती थी। इसके अलावा प्रदूषण, पर्यटक गतिविधियाँ, स्टीमर बोट द्वारा डाले जानेवाले लंगर, जहाजों से तेल-डीजल की रिसन और कुछ खास क़िस्म की बीमारियाँ अन्य कारण हैं जिनकी वजह से यह खूबसूरत दुनिया उजड़ रही है। साथ ही कुछ लोग जो मूँगा चोरी के व्यवसाय में आज भी रत हैं, वे इन्हें ज़्यादा नुकसान पहुँचा रहे हैं।

डॉ. वुड ने अपने अध्ययन के दौरान तारमुगली, बोट, रटलैंड, जॉलीबॉय और रेडस्किन द्वीपों में मृत मूँगे की सूचना दी। जापान में यही संकट है। स्टारफिश की वजह से वहाँ भी मूँगा बुरी तरह प्रभावित हुआ है। इसका अभी तक कोई इलाज सम्भव नहीं हो सका। अंदमान-निकोबार में स्टारफिश 1988 से अस्तित्व में आई और लगातार बढ़ रही है। अभी तक प्रशासन की तरफ से इसको रोकने के लिए कोई उपाय नहीं किया गया है। लेकिन इस ख़तरे से देर-सवेर निपटना ही होगा, नहीं तो मूँगे का यह संसार नष्ट हो जाएगा। इन्हें या तो हाथों से इकट्ठा कर नष्ट किया जा सकता है या एयर इंजेक्शन द्वारा। हमारे देश में फिलहाल दोनों तरह के उपाय नहीं किए गए हैं।

अंदमान-निकोबार के मूँगे में खास क़िस्म की 'व्हाइट बैंड' बीमारी का भी पता चला है। इन तमाम चुनौतियों का सामना अभी सम्भव है क्योंकि खतरों की यह आरम्भिक सीढ़ी है। अगर इस तरफ से लापरवाही बरती गई तो सम्भव है कि भविष्य में हम इस अद्‌भुत और खूबसूरत दुनिया से महरूम हो जाएँ। ज़रूरत है समुद्री किनारों पर बड़े निर्माण कार्यों पर रोक लगाने की, गोताखोरी से मूँगे पर प्रतिबन्ध, मूँगे के क्षेत्र में नाव और जहाजों को लंगर डालने से रोकना, मछली मारने के लिए बारूद के इस्तेमाल पर रोक लगाना, समुद्री किनारों पर रसायन फैक्ट्रियों की स्थापना पर प्रतिबन्ध लगाना वगैरह। यह समय है जबकि सरकार कुछ कारगर क़दम उठा सकती है नहीं तो भविष्य में सिर्फ़ पश्चात्ताप होगा, जो कि हमारी आदत में शुमार है।

लावे के बीच पलता जीवन

रेडियो दुनिया का अद्‌भुत चमत्कार है। आपके एकान्त को भरने के अलावा यह आपको घर बैठे पूरी दुनिया की सैर ही नहीं करवाता वरन् आपको अनूठी जानकारियों से भर देता है। मैंने पोर्टब्लेयर (अंदमान-निकोबार) में तीन साल से कुछ अधिक काम किया। इसलिए वहाँ के जीवन समाज के बारे में जानने की सदैव जिज्ञासा बनी रहती है। वहाँ के समाचार टी.वी. और अख़बारों में बहुत कम आते हैं। अतः आकाशवाणी पोर्टब्लेयर को जरूर अपने रेडियो पर पकड़ने की कोशिश करता हूँ। इसी कोशिश में मैंने उबलते लावे के बीच पलता जीवन रूपक सुना था और हतप्रभ हो उठा। अंदमान-निकोबार द्वीप समूह में स्थित एक द्वीप है 'बैरन'—सक्रिय ज्वालामुखी का केन्द्र।

इस द्वीप पर सृष्टि के आश्चर्य की तरह बकरियाँ जीवित-जागृत हैं। इस द्वीप में मीठे पानी का कोई स्रोत नहीं है। इस द्वीप की बकरियाँ खारे पानी पर जीवित हैं। ये बकरियाँ आम बकरियों की तरह हैं। देखने में ये बंगाल की ब्लेक बकरियों की तरह हैं। ज्वालामुखी द्वीप की प्रतिकूल परिस्थितियों में इनका रंग थोड़ा भूरा काला हो जाता है। बाल रुखे और सख़्त। वज़न 25 से 30 किलो के बीच। पैर छोटे और खुर मजबूत। सुनने और सूँघने की क्षमता ज़्यादा। समूह में रहती हैं। मलबेरी प्लाटंस की जाति के पौधों की पत्तियाँ खाती हैं। इसमें पानी का प्रतिशत 40-50 होता है।

ग़ौरतलब यह है कि यहाँ बकरी अकेली ऐसी प्राणी है जो समूचे विश्व में खारे पानी पर जीवित है। यदि इनका डी.एन.ए कराकर भारत इसका पेटेंट कर सके तो यह एक उपलब्धि होगी। यह भी सम्भव है कि जिन द्वीपों पर मीठा पानी नहीं है और जीवन है, वहाँ ऐसी बकरियाँ पूरी दुनिया में अद्‌भुत उपस्थिति की तरह होंगी। मैं अपने ही देश में ऐसी आश्चर्यजनक उपस्थिति से अचम्भित हूँ।

(डायरी का एक हिस्सा)

मेंग्रोव्ह

नदी को ढूँढ़ते मैं समुद्र के किनारे चला आया। ढूँढ़ते जैसे थक गया। थककर बैठ गया सुस्ताने...। झाड़ियाँ समुद्र के किनारे पर डूबी या कि वहाँ उगतीं। उनकी जड़ें समुद्र के खारे जल में...। यानी वे सिर्फ़ नमक पीतीं...। मुझे यह देखकर अच्छा लगा...। यहाँ भी भोलेशंकर...। मेंग्रोव्ह...झाड़ियाँ। दूर-तक...। दूर-दूर तक सिर्फ़ समुद्र...। सिर्फ़ नमक...। मैंने देखा वह झाड़ियों की जड़ों से लेकर शाखाओं तक है। खिलखिलाता नमक...।

धूप पड़ने पर और तीव्र हँसता हुआ...पत्तियों पर उसकी चमक...। और पत्तियाँ भी एकदम हरीकच्च...। किरणों के उतरने पर चमकती बहुत...इतनी अधिक कि नमक का रंग फीका...। पत्तियाँ जिस समुद्र को पीकर हरियाईं...अपने कोरों से नमक छोड़ती हुईं। पूरा समुद्र पी जाने का हौसला...और इस तरह बचाने का खुद को...वे बची हुईं, एक विशाल समुद्र के आक्रमण से...और इधर हम कि घबरा उठते।...मैंने समुद्र को उड़ती निगाह से देखा और 'मेंग्रोव्ह' को जी भर के...। मैंने समुद्र का जल पिया...।

(डायरी का एक हिस्सा)

समुद्र की सृष्टि

समुद्र सृष्टि की सुन्दरतम् रचनाओं में से एक है। इसके सीने को चीरते-गुजरते दूर-दराज के नामी अनामी यात्रियों ने अपनी नई दुनिया पाईं। नई मंज़िलें पाईं। इसके किनारे कई सभ्यताओं ने जन्म लिया। विशेषतः विस्थापित समाजों और आदिवासियों, जनजातियों ने द्वीपों और द्वीपों के किनारे अपनी संघर्षमयी पहचान अर्जित की। समुद्र से इसे संघर्षों में सही अकूत ताकत और स्नेह मिला।

समुद्र के अपने कई रूप हैं। वह अपनी भीतरी ऊर्जा से, सम्पत्ति से जहाँ समाज को समृद्ध करता है वहीं उसके भीतर उठनेवाले तूफान, चक्रवाती हवाएँ और सूनामी लहरों के तांडव से जीवन को अनचाहे नष्ट भी करता है। लेकिन इसमें समुद्र का क्या दोष? वह भी सृष्टि के अनेक अवांछित चक्रों से गुजरता है।

मैंने 88 से 92 के बीच अंदमान निकोबार के लगभग सभी उन द्वीपों की यात्रा की जिनमें जीवन उपस्थित है...मैंने उन द्वीपों की ख़ासतौर पर यात्राएँ की जिनमें ग्रेट अंदमानी जारवा, ओंगी, निकोबारी और शोम्पेन बसते हैं—स्ट्रेट द्वीप से डुआंगक्रीक (लिटिल अंदमान) का, निकोबार से लेकर ग्रेट निकोबार के मध्य के अनेक द्वीप...हटबे, कमोर्टा कचाल, केम्पलबे, मध्य अंदमान आदि का।

सभी जगहों पर हँसता-मुस्कुराता संसार देखा अभावों के बीच भी...। दो जून की रोटी की रोज़ की लड़ाई ने भी चेहरों की आभा को कभी धूमिल नहीं होने दिया... छोटी-छोटी डोंगियों और बड़े जहाजों पर सवार लोगों ने दैनन्दिन अभावों में भी जीवन के सुन्दर अर्थ खोजे...। प्रकृति से अटूट रिश्तों ने उनके जीवन में कोमल रंग भरे। पशु-पक्षियों से रिश्तों की नई परिभाषाएँ गढ़ीं...। एक नन्हीं-सी मछली हो या कछुआ...। शार्क हो या कि सूअर...। सभी से उनका आत्मीय सम्बन्ध रहा कि जैसे बच्चों के साथ...। उन्हीं की उपस्थिति उनके गीतों और लोककथाओं में उनके दुख-सुख के संगाती और दूधाभाती वही जिनमें समुद्र और जंगल की वनस्पतियाँ शामिल...।

आज जैसे कितना कुछ इनमें से काल के गाल में समाहित...और कितना कुछ क्षत-विक्षत...। कितनी मृत्यु...कितने सहारे ढूँढ़ते...कितने के परिवार जन समुद्र के भीतर या जंगलों में फँसे...जीवित कि मृत कहना मुश्किल...

और दुर्लभ आदिवासीजन ग्रेट अंदमानी, ओंगी, जारवा, सेंटिनली, निकोबारी और शोम्पेन...कहाँ होंगे? किसी जंगल के पेड़ों पे या उनकी नीचे शरण खोजते...। मैं उनके साथ कुछ दिनों के लिए सही था और दिल्ली में बैठा सोच रहा हूँ दिनों और रातों (में...। मुझे नींद नहीं आती...।

(डायरी का एक हिस्सा)

खंड-5

कवि और समुद्र

पृथ्वी खोजती हो अपना होना

सदियों से डूबी है पृथ्वी वहाँ
सघन अन्धकार में

बहुत नीचे कहीं
थककर लेटा है आज समुद्र
और कुछ मछलियाँ घूमती हैं
छोड़तीं प्रकाश रेखाएँ वहाँ

बस उसी समय
हो सकता है पृथ्वी खोजती हो
अपना होना सघन अन्धकार में

कि नमक रोटियों में अपने-आप पहुँचेगा

सुबह-शाम समुद्र से उठता है
सफ़ेद झक्क धुआँ
फिर भी समुद्र से नहीं आतीं
खाँसते-खाँसते बेदम होनेवाली आवाज़ें

इस बार कहूँगा माँ से
चली-चले मेरे साथ
और पकाकर देखे समुद्र पर रोटियाँ
जहाँ धुआँ होता है अत्यधिक
लेकिन नहीं होती भीतर तक हिला देनेवाली खाँसी

माँ जब पकाएगी रोटियाँ
उनमें होगा स्वाद समुद्र का
और कितना किफ़ायती और स्वादिष्ट होगा
रोटियों का पकना कि सम्भव है
नमक रोटियों में अपने-आप पहुँचे

समुद्र पर खाते हुए रोटियाँ
पहुँचेगा समुद्र अपने-आप भीतर

और हम स्वाद का समुद्र हो जाएँगे एक दिन

सम्भव है समुद्र सक्रिय हो उठे किसी भी क्षण

समुद्र के किनारे
या कहें समुद्र से एकदम लगा हुआ
वह पेड़ है मुस्कुराता कई बरसों से

उसके लिए आज की दोपहर
एकदम अलग अनुभव है

उसकी लम्ब-तड़ंग छाया में
सोया है एक व्यक्ति निश्चिन्त
अपनी कुल्हाड़ी के साथ

कुल्हाड़ी की धार छाया में चमक रही है
और उसका भय
जड़ों को सिहराता
अपनी भाषा में पहुँच रहा है आख़िरी छोर तक

पेड़ हिलता-डुलता सा कुछ बोल रहा हो शायद
और जड़ों से पहुँच रहे हों घबराते शब्द
सम्भव है समुद्र सक्रिय हो उठे किसी भी क्षण
और कोई ताज्जुब नहीं
लौटते हुए लहर कोई एक
बहा ले जाए कुल्हाड़ी या उसका चमकदार भय
इस समय पेड़ की आँखें समुद्र को देख रही हैं
एकटक

बची रहती है पूरी उम्मीद

जब कभी उठता है समुद्र से तूफ़ान एकाएक
भूतग्रस्त अँधेरों में डूब जाते हैं सब
घर, पत्नी, बच्चे और दूर-पास

टटोलते हाथ
अँधेरों में भी ढूँढ़ ही लेते हैं
किसी कोने में दुबकी पड़ी माचिस की डिबिया

यह क्या कम आश्चर्य है
कि बची हो सिर्फ़ एक भी तीली
तो बची रहती है पूरी उम्मीद

और इस तरह अदम्य शक्ति
कि लड़ा जा सकता है समुद्री तूफ़ान से
कम-से-कम रात भर और

सिर्फ़ जहाज का कप्तान है

समुद्री चक्रवात में फँसा नजट-2[1]
लहर की भयानक उछाल पर थम गया

(जैसा दिखता है खींचे गए चित्र में)

और रुक गया
माँओं का रुदन
पिताओं के दिलासा देते हाथ
और बच्चों का चीत्कार

सिर्फ़ जहाज़ का कप्तान है
जो कभी भी दे सकता है गति
कैमरे से थमे, इस स्टिल जीवन को

(समूह प्रार्थनाओं में है अंदमान इस समय)

---

1. नजट-2—यात्री जहाज़।

मौसम सहमेगा ज़रूर उस दिन

मौसम बदलता है कभी-कभी अपने तेवर
वह हँसता है आदिम बर्फ़ हँसी
करता आतंकित समूचा परिवेश

मुमकिन है तब समुद्र को भी लगती हो कँपकँपाती
ठंड

अब मौसम जब कभी करेगा ऐसा फिर
मैं सुलगाऊँगा सिगरेट
और उड़ेल थर्मस में गरमागरम चाय
पहुँचूँगा समुद्र के पास

कितना अद्‌भुत होगा वह दृश्य
सो रहा होगा जब समूचा अंदमान

हम सुड़कते हुए चाय
लगाएँगे सिगरेट के कश
और उगल देंगे ढेर सा धुआँ
बदलते मौसम के चेहरे पर

कम ही सही
मौसम सहमेगा ज़रूर उस दिन

एक रोज़ चुराऊँगा ज़रूर मुट्ठी भर जगमग समुद्र में

बाँधूँगा चुपके से एक रोज़
हीलियम, नाइट्रोजन और ऑक्सीजन
और बिना कुछ बताए
निकल पड़ूँगा समुद्र की तरफ़

जहाँ से होता है आरम्भ अन्धकार समुद्र में
बैठ वहाँ से किसी कछुए की पीठ पर
नापूँगा गहराइयाँ
मिलूँगा आकर्षक जीव-जन्तुओं से और
छुऊँगा डूबी हुई पहाड़ियों की देह
मिला ऑक्टोपस तो भरूँगा उसे बाँहों में

चुराऊँगा मछलियों के
जीवित कोमल स्पर्श और पकड़कर
किसी प्रकाशवान मछली की पूँछ
पहुँचूँगा एकदम सतह पर
जहाँ टिकाकर भारहीन पाँव
क़ैद कर लूँगा समुद्री फूलों का अविस्मरणीय
सौन्दर्य

उस समय जब होगा समुद्र बेख़बर
चुराकर उसका मुट्ठी भर रोमांच
छुपा लूँगा मन के किसी कोने में
लाख पुकारता रहे कोई चोर
एक रोज़ चुराऊँगा ज़रूर मुट्ठी भर जगमग
समुद्र में

और उससे परे भी उपस्थित है समुद्र

इतनी उम्र के बाद आया समझ
कि सबसे ज़रूरी है
समुद्र और उसका आत्मीय स्वाद

कितना विचित्र है कि भुलक्कड़पन के
अन्ध-गह्वरों में भूलकर यह
वह पहुँचता है उसके पास

खेल चुकता सा उद्दाम लहरों से
भूलता ठीक पहले का सुख
सबसे पहले खोजता है ऊहापोह में
मीठे पानी का कोई भी स्रोत कि
छुटा सके देह से चिपटा नमक

कितना विस्मय है इस सत्य में
कि हर सम्भव चेष्टा के बाद
वह देह से छूटने के बहुत पहले पहुँच चुका है
आत्मा के सर्वाधिक गहरे खंड में

पहुँचोगे लौटकर घर जब
घर की सबसे आत्मीय जगह रसोई में
अक्षय शक्ति के साथ
उपस्थित मिलेगा समुद्र
कितना भी भागिए आप
जीवन के बाद हड्डियों के भीतर
और उससे परे भी उपस्थित है समुद्र

धरती की भूरी हँडिया में

रंग-बिरंगे रंगों का अलमस्त समुद्र यह
निकोबारी बाला की चटक देह से आलिंगनबद्ध
घूम रहा है आज हाट में खुल्लम-खुल्ला

धरती की भूरी हँडिया में शायद
चोरी-चोरी रात गए
रही उबालती पूरा समुद्र वह

क्षितिज किनारे चमके हैं जो चाँदी रंग
दूर इधर मीलों तक फैला श्यामल-श्यामल
कुछ आगे तक उधर जो दिखता घना सलेटी
और इधर कि आँखें सिरजें
बड़ी दूर तक गहरा नीला
तनिक उधर मटमैला-भूरा
पास किनारे पानी सा यहाँ उजला-उजला

जाने कितने रंग समुद्र के
हँडिया में खौलाए उसने
खौल चुका तो बड़े जतन से
जाते कितनी डिबियों में भर रखे सहेजे

ख़ूब सजी अब रंग-बिरंगी
फूली-फूली घूम रही है
लगता है ज्यों ओढ़ लिया पूरा समुद्र
या ख़ुद समुद्र अपनी मरजी से हाट घूमने
उस युवती के रक्तिम सौन्दर्य में

बना-ठना जा बैठा चुपके

कुछ भी हो पर घूम रहा है
आज हाट में खुल्लम-खुल्ला
रंग-बिरंगे रंगों का अलमस्त समुद्र यह

जलस्वप्न

नारियल के उस बड़े दरख़्त में अटका है चाँद
और मैं जा सकता हूँ पेड़ की छाया से होता हुआ
जल जहाँ सबसे ज़्यादा प्रसन्न है

जहाँ सबसे ज़्यादा प्रसन्न है वह
गहरी नींद में वहाँ सोए हैं मेरे बच्चे

अँधेरा हालाँकि बढ़ रहा है चतुर्दिक
बच्चों की नींद में है जलस्वप्न

मैं लौट सकता हूँ आश्वस्त
बच्चों के स्वप्न में कहीं नहीं है ऑक्टोपस

बच्चों की नींद में बच्चों का स्वप्न है अब तक

इस मौसम में

दफ्तर के जिस कमरे में बैठता हूँ रोज़
बस एक दरवाज़ा है उसमें
जिसे भेदते आते हैं अख़बार और
हफ्ते में चार दिन आती हैं चिट्ठियाँ

दो खिड़कियाँ भी हैं जिनसे बिनसंकोच आती हैं हवाएँ
कभी-कभार मेज़ पर आ बैठता है सूर्य का कोई दीप्त टुकड़ा
या धूपछाँही परछाईं चिड़िया की

बहुत मुमकिन है किसी दिन न पहुँचे अख़बार और
इस मौसम में बन्द रह जाएँ खिड़कियाँ
तब कैसा मनहूस होगा मेरा दिन

रोक नहीं पाऊँगा अपने आपको बावजूद इसके
कि उठ रही होंगी हवाएँ कोर-कोर दहलातीं

खोलूँगा तब भी कम-से-कम एक खिड़की कि
हवाओं के उग्र तेवरों में छुपी कोई तो ख़बर होगी अपनों की

कुछ देर के लिए सही खिड़की खोलूँगा ज़रूर मैं

बस कैमरा था

शीशे के तलवाली नाव से मन्त्रमुग्ध निहारता रहा
भित्ति, मूँगा और प्रवाल पुष्पों की अलौकिक दुनिया
स्वच्छन्द विचर रही थीं जहाँ अनगिनत खूबसूरत मछलियाँ

इतना अवाक! इतना चमत्कृत!
कि ज़बान से एक वाह का निकलना दूभर
बस कैमरा था जो विस्मृत-सा गूँजता रहा
क्लिक की लगातार ध्वनि से

भयभीत मैं कहीं पहुँच न जाए इतना भी शोर
समुद्र के शान्त-सम्पन्न संसार में

लौटकर पहुँच गया सीधे दोस्त के स्टूडियो में
इतना आतुर कि देख सकूँ चित्रों में तब्दील होती वह दुनिया
सामने आते ही लगा आत्मा को अप्रत्याशित झटका
चित्रों में सब था—समुद्री पुष्प, मछलियाँ और लहरों का छायाभास भी
बस सिरे से ग़ायब था जीवन

देख न सका एकाग्रचित्त/सहसा छोड़ दिए चित्र जल से लबालब ट्रे में
एक लहर उठी और वे तैरने लगे
फूल अब लहरा रहे थे/मछलियाँ तैर रहीं थीं
झूठ-मूठ सही वहाँ जीवन के चिन्ह थे

मैं लौट रहा था घर खुद को भरमाता-बहलाता

●●●